U0864606

国防教育与学生军训文库 / 学术系列

陈 波 总主编

学校国防教育和
学生军事训练发展研究（1949～2017）

李延荃 / 陈 波◎主 编

时事出版社
北京

图书在版编目（CIP）数据

学校国防教育和学生军事训练发展研究：1949～2017/李延荃，陈波主编．—北京：时事出版社，2018.6（2023.7 重印）
ISBN 978-7-5195-0181-5

Ⅰ.①学…　Ⅱ.①李…②陈…　Ⅲ.①大学生—国防教育—研究②大学生—军事训练—研究　Ⅳ.①G641.8

中国版本图书馆 CIP 数据核字（2017）第 310420 号

出版发行：时事出版社
地　　址：北京市海淀区彰化路 138 号西荣阁 B 座 G2 层
邮　　编：100097
发行热线：（010）88869831　88869832
传　　真：（010）88869875
电子邮箱：shishichubanshe@sina.com
网　　址：www.shishishe.com
印　　刷：北京世纪优彩科技有限公司

开本：787×1092　1/16　印张：14.25　字数：250 千字
2018 年 6 月第 1 版　2023 年 7 月第 2 次印刷
定价：95.00 元
（如有印装质量问题，请与本社发行部联系调换）

教育部哲学社会科学研究重大课题攻关项目

“新时期学校国防教育和学生军训工作体系建设研究”（14JZD052）资助

全国军地国防教育与学生军训协同创新研究基地支持项目

《国防教育与学生军训文库》
编委会

陈　波（中央财经大学国防经济与管理研究院）
李先德（吉首大学国防教育研究院）
龚泗淇（合肥工业大学军事教研室）
王小敏（赣南医学院军事体育教学研究部）
庞　民（内蒙古师范大学军事教研部）
尹建平（中北大学学工部）
崔云峰（青海大学军事教研室）
杨　新（南京大学军事教研室）
谢素蓉（厦门大学军事教研室）
王欣涛（北京大学武装部）
郭子珂（国防大学专家督导组）
李延荃（国防大学政治学院）
房　兵（国防大学军事管理学院）
刘义昌（军事科学院）
侯　娜（中央财经大学国防经济与管理研究院）
白　丹（中央财经大学国防经济与管理研究院）
王沙骋（中央财经大学国防经济与管理研究院）
张海燕（中央财经大学国防经济与管理研究院）

学校国防教育和学生军事训练
发展研究（1949～2017）

项目组

主　编： 李延荃　陈　波

参　编： 许　鹏　李红锦　陈　凯
陈　晨　余冬平　郝朝艳

总 序

兵者，国之大事，死生之地，存亡之道，不可不察也。

国防教育是关系国家生死存亡的社会工程，是建设和巩固国防的基础，是增强民族凝聚力、提高全民素质的重要途径。学校国防教育是全民国防教育的重要组成部分，是国家培养现代化人才的战略性举措。在学校尤其是普通高等学校设置军事课程，进行学生军事训练，是《中华人民共和国国防法》《中华人民共和国兵役法》《中华人民共和国国防教育法》等赋予普通高等学校的神圣职责，是适应国家高等教育发展和提升人才综合国防素养的需要，也是世界各国的通行做法。

天下虽安，忘战必危。尽管和平与发展仍是时代的主题，但全球性挑战日益增多，新的安全威胁因素不断出现，局部战争和武装冲突时有发生，天下仍不太平。作为世界上最大的发展中国家，中国仍面临多元复杂的安全威胁，生存安全与发展安全互为影响、传统安全与非传统安全威胁相互交织，维护国家统一、领土完整、发展利益的任务艰巨繁重，加强国防教育特别是学校国防教育和学生军训任重而道远……

为加强国防教育和学生军训教学、科研水平，中央财经大学国防经济与管理研究院军地国防教育与学生军训协同创新研究基地、全国国防教育与学生军训协同创新联盟等单位从即日起开启国内首部《国防教育与学生军训文库》的编写工作，文库含学术系列、教学系列等几个子系列，着力展示学校国防教育、学生军训和全民国防教育等领域优秀学人在本领域重大理论与现实问题研究方面的学术成果，亦包括支持高水平教学的教材、教辅参考书籍等，并建立开放型的运行机制，不断补充新的系列和新的选题。

文库出版受到教育部哲学社会科学重大课题攻关项目和教育部国防教育办公室、教育部全国军事教学指导委员会等有关部门、机构的支持和指导，在此一并表示最诚挚的谢意！

教育部全国普通高等学校军事教学指导委员会副主任委员
教育部哲学社会科学重大课题攻关项目（国防教育）首席专家　陈　波

2018年1月·北京

前 言

《学校国防教育和学生军事训练发展研究（1949～2017）》系教育部哲学社会科学重大课题攻关项目“新时期学校国防教育和学生军事训练工作体系建设研究”研究成果之一。

新中国成立以来，学校国防教育和学生军训工作在各级教育行政部门、军事部门和各级各类学校的共同努力下，逐步摸索经验，在教育训练的内容、方法、形式上不断改革创新，取得了丰硕的成果，收到了良好的政治、国防和社会效益，赢得了党、国家、军队各级领导和社会各界的广泛赞誉。各个不同历史时期，学校国防教育和学生军训工作的时代主题、主要做法、工作实效、成功经验和教训，都值得我们深入思考和梳理，以便为今后工作开展提供思路和借鉴，这是我们进行本研究的最初考虑之一。

时至今日，如果从建国后起算，学校国防教育与学生军训工作经历60多年的发展历程，广大教育工作者虽付出了艰辛的努力，其中的规律，也是值得我们挖掘的方面。规律是事物内在的必然联系，决定着事物发展的必然趋向。只有总结规律，把握规律，才能提高理性认识，也才能在实际工作中尽量减少失误和偏差，取得事半功倍的效果，这是我们研究的考虑之二。

总结经验教训，探索特点规律，最根本的目的都是着眼未来更好地开展工作。进入21世纪以来，学校国防教育和学生军训工作面临的形势和环境都发生了深刻变化，这至少表现在：综合国力稳步增长，目前正处在由大变强的关键时期；我国面临的国际形势和周边安全环境日益复杂多变；教育改革逐步深入，高等教育日益普及化，素质教育全面展开；新一轮国防和军队改革的大幕初启，军民融合上升为国家战略，国防后备力量建设体制机制逐步完善，这些都对学校国防教育和学生军训工作提出了新的要求。历史从来不能假设，但我们却可以从历史中汲取营养，关照未来。

历史研究首要的问题就是历史分期问题。为便于总结历史经验，检视存在问题，我们在对新中国成立以来学校国防教育与学生军事训练工作的历史阶段划分中主要考虑了以下几个方面：一是国内外形势发展及其对学校国防教育和学生军训工作提出的要求；二是我国教育发展和国防建设的基本特点；三是尽量与其他历史研究，如共和国史、共和国教育史以及军事工作史的历史分期保持一致。据此，我们把新中国成立以来学校国防教育和学生军事训练工作划分为四个主要时期，即新中国建立初期的学校国防教育和学生军事训练工作（1949～1954）、社会主义建设探索时期的学校国防教育和学生军事训练工作（1955～1976）、社会主义建设新时期的学校国防教育和学生军事训练工作（1977～2000），新世纪以来的学校国防教育和学生军事训练工作（2001 年至今）。全著除前言外，主要内容包括：

- 学校国防教育与学生军事训练工作：发展与演变
- 建国初期的学校国防教育与学生军事训练工作
- 社会主义建设探索时期的学校国防教育与学生军事训练工作
- 社会主义建设新时期的学校国防教育和学生军事训练工作
- 新世纪以来的学校国防教育与学生军事训练工作
- 学校国防教育与学生军事训练工作：总结与思考

书中还把各历史时期主要的学校国防教育和学生军训工作法规文件和统计资料以附件形式收录在书后，以供参考。

学校国防教育和学生军事训练工作虽然已经在我国有了几十年的实践，但在研究方面还相对薄弱，尽管课题组在研究和资料收集等方面做了大量的工作，但仍难免存在这样或那样的问题，任何研究也许都是一个有缺憾的过程，欢迎大家多多批评指正。我们向在研究中给予我们大力支持的教育部、国防动员部、全国军事教学指导委员会等部门和我们所在的国防大学、中央财经大学的领导、同事、同行的大力支持表示最衷心的感谢。

编 者

2018 年 1 月 12 日

目 录 CONTENTS

第一章 新中国成立以来学校国防教育与学生军事训练工作：发展与演变

新中国成立以来，党和国家非常重视学校国防教育和学生军事训练工作，在教育训练的内容、方法、形式上不断改革创新，在实践和研究等方面都取得了丰硕的成果，收到了良好的政治、国防和社会效益。

第一节 学校国防教育与学生军事训练工作的性质和目标定位

准确把握工作性质和目标定位是开展各项工作的前提。学校国防教育与学生军事训练工作既相互联系，又有各自不同的目标定位，是性质相近但定位不同的两项工作。

一、学校国防教育是全民国防教育的基础

国防教育是“国家为增强公民的国防观念和国家安全意识，在全体公民中进行的以爱国主义为核心的与国防和军队有关的思想、知识、技能的普及性教育”①。国防教育是建设和巩固国防的基础，是增强民族凝聚力、

① 《中国人民解放军军语》（全本），军事科学出版社2011年12月第1版，第40页。

提高全民素质的重要途径。

国防教育从总体上分为学校国防教育和社会国防教育。学校国防教育的对象是各级各类学校的在校学生。《中华人民共和国国防教育法》第十三条明确指出，“学校国防教育是全民国防教育的基础，是实施素质教育的重要内容。”广大青少年学生是国家的未来建设者和保卫者，是国家发展进步和繁荣富强的希望所在，对他们进行国防教育影响深远、意义重大，是国防建设的一项战略性基础工程。

关于国防教育的目的，《中华人民共和国国防法》第四十条明确指出，“国家通过开展国防教育，使公民增强国防观念、掌握国防知识、发扬爱国主义精神，自觉履行国防义务。”学校国防教育应贯彻落实《国防法》和《国防教育法》的基本精神，并遵循学生的身心特点和教育规律，提出更加明确和针对性更强的国防教育目的。

弘扬爱国主义精神是学校国防教育的根本目的。列宁指出，爱国主义就是千百年来固定下来的对自己祖国的一种最深厚的感情。爱国主义反映了个人对祖国的依存关系，是人们对自己故土家园、种族和文化的归属感、认同感和尊严感、荣誉感的统一。学校国防教育必须把爱国主义作为核心内容，通过教育培养广大青少年学生的民族自尊心和自豪感，树立为国家和民族无私奉献、英勇献身，为国家安全而奋斗的理想、信念，自觉维护国家和民族的尊严与利益，提高民族凝聚力。学校的爱国主义教育要融入历史教育之中，通过国家形成与发展、民族斗争与成长的历史知识学习，使学生认识到中华民族绵延5000年的厚重历史，感悟到民族优秀传统和历史文化遗产的博大精深，产生对民族英雄和历史人物的崇敬心理。当前，学校的爱国主义教育必须与社会主义核心价值观教育紧密结合，通过教育使广大青少年学生把爱祖国与爱党、爱社会、爱人民结合起来，认识到社会主义制度形成的历史必然性，坚定理论自信、道路自信和制度自信。

增强忧患意识是学校国防教育的应有之义。古人云，“生于忧患，死于安乐。”一个国家、一个民族，只有始终怀有强烈的忧患意识，时刻保持危机感、紧迫感，才能励精图治，奋发向上，实现国家富强，民族兴盛。忧患意识不仅在国家处于危难时刻需要，在和平年代更要警钟常鸣。

无数历史事实警示我们，当一个国家经济发展到一定时期，人民生活水平大幅提高时，人们往往容易沉浸在恬静舒适的安逸生活之中，吃苦精神弱化，国防观念淡薄，国防松懈。当前，我国正处在由大变强、民族复兴的关键时期，与此同时，各种矛盾和面临的安全问题也日益凸显，增强全体国民尤其是青少年学生的忧患意识，十分必要和迫切。

培育尚武精神是国防教育的重要目的。尚武精神就是一个国家、一个民族对国防事业的重视以及由此而形成的爱军习武的风尚。尚武精神是国防强固的根基。从世界历史上看，尚武精神强的民族，发愤图强，奋斗不息，胜不骄，败不馁，其国可盛，其民可富，其兵可强。

公元前3世纪古罗马开始崛起时，只不过是意大利半岛上一个人口不过数万的小城邦。在100多年的时间里就一跃成为疆域遍及欧、亚、非三大洲的庞大帝国，地中海成了它的内海。古罗马崛起时遇到的第一个对手是迦太基，它与迦太基之间进行了长达118年的“布匿战争”。迦太基是历史比罗马更悠久的文明古国，无论人口数量还是经济实力都要远强于古罗马。罗马人和迦太基人在性格和气质上有很大的差异，迦太基人精于商业致富，一心只想赚钱和享受，轻视军人与吃苦，认为只要有钱就可以招募雇佣兵打仗。迦太基军队的主体是从非洲招募的雇佣兵，这些雇佣兵虽然个人战斗素质高，但他们打仗是为了挣钱。而罗马军队的主体是由罗马公民组成的，他们坚毅沉着，有血战到底的精神，更重要的是他们知道自己是为了保家卫国而战。因此，罗马人最终战胜迦太基人是历史的必然。罗马帝国建立之后，国威远播，四海升平，从公元70年至378年之间拥有一段长达300年的“罗马和平”。到公元117年，罗马帝国盛极而衰。“柔弱无力是罗马兵团衰败的主因。那些士兵过去在非洲烈日之下作战，都一点不感到疲倦，现在在日耳曼和高卢的凉爽天气之下，反而觉得甲胄太重，所以罗马帝国的末日也就快到了！”①

一个国家和民族，尚武精神的强弱，直接关系到其国防的巩固与稳定，决定着它的兴衰成败。培育尚武精神不仅是军队的事，而且是全体国民的事，青少年学生的尚武精神培育尤为重要。近代中国学校兴起的“军

① 钮光钟：《西方战略思想史》，广西大学出版社2003年2月第1版，第51页。

国民教育”的重要目的就在于重塑中华民族的尚武精神。培育青少年学生的尚武精神，一是要使他们养成健身强体的良好生活习惯，积极参加体育锻炼，增强身体素质；二是培养竞争意识，树立远大理想，不畏挫折，勇于迎接挑战；三是引导他们关心支持国防和军队建设，拥军优属；四是自觉履行国防义务，踊跃参军参战。

培养高度的责任意识是学校国防教育的落脚点。从根本上说，学校国防教育落实到行为上，就是要使教育对象，即广大青少年学生自觉履行国防义务，担当起公民应尽的国防责任。国防的行为主体是国家，国家的首要职能就是国防。而公民则是组成国家行为体的细胞。国家的国防职能只有落实到每个公民身上才能落到实处。不仅在国家危难时刻每个公民要有“天下兴亡，匹夫有责”的奉献精神，在和平年代也要强化“国防义务，人人尽责”的使命担当。广大青少年学生既是国家未来的建设者，也是未来的保卫者，必须时刻准备为国家安全承担一份责任、贡献一份力量。

公民的国防义务集中体现在依法服兵役上，兵役义务是公民的第一义务。《中华人民共和国兵役法》第三条规定：“中华人民共和国公民，不分民族、种族、职业、家庭出身、宗教信仰和教育程度，都有义务依照本法的规定服兵役。”除了履行兵役义务外，公民应尽的国防义务还包括：接受国防教育、保护国防设施、保守国防秘密、支持国防建设、协助军事活动等。学校的国防教育要使每个学生明确自己应承担的国防义务，以及履行国防义务的方法形式，进而把责任义务融入自己的行为规范，形成自觉行动。

学校国防教育按照教育对象的情况不同又可分为小学和初中、高级中学和相当于高级中学、高等学校三个层次。不同层次的学校国防教育应根据教育对象的身心特点、接受能力和教育环境等的不同，在共同教育目标指导下，采取不同的教育内容和方式组织实施。

对小学和初中学生的国防教育，应以课堂教学与课外活动相结合的方式进行，通过国防知识讲座、参观爱国主义教育基地和军营、体育活动等多种形式把国防教育内容融入知识学习，使学生在学习科学文化知识的同时，逐步了解国防知识，培养爱国主义和革命英雄主义精神，激发热爱祖国、热爱社会主义制度、热爱中国共产党、热爱中国人民解放军的思想情感。

对高级中学和相当于高级中学学生的国防教育，应通过课堂教育、参观体验、军事训练等多种形式，进行比较系统的国防知识学习和基本军事技能训练，使学生掌握一些基本的国防知识和军事技能，懂得马克思主义的战争观，了解战争与和平的辨证关系，树立正确的国防观念，打牢后备兵员的思想和身体基础。

对高等学校学生的国防教育，应在小学和初级中学、高级中学和相当于高级中学国防教育的基础上，开设专门的国防教育课，进行系统的国防知识学习和军事技能训练，使学生了解人民军队、人民战争、积极防御战略思想，树立国防法制观念，掌握轻武器的使用及有关战时动员与防卫的基本技能，提高国防理论水平和军政素质，达到学校国防教育的总体目标与要求，为培养后备军官打下基础。

二、学生军事训练工作是培养国防后备力量的重要措施

在普通高等学校和高级中学开展学生军事训练工作，简称“学生军训”，是依据《中华人民共和国兵役法》的法律规定，培养后备兵员和预备役军官的重要举措，是具有中国特色国防后备力量建设的重要措施，对于国家长治久安和国防现代化建设具有重大意义和深远影响。

回顾我国学生军训历史，最早可以追溯到清末的“军国民教育”。近代以来，有感于国家屡遭外敌入侵、民族倍受异族欺凌的严峻现实，一些有识之士对历代统治者实行重文轻武的文教政策进行反思和批判，呼吁重视“军国民教育”。最先明确提出“军国民教育”的是中国留日学生蔡锷。资产阶级维新派梁启超也倡导“军国民教育”。1903 年，他在《新民丛报》发表《论尚武》的著名时论，大力提倡效法斯巴达、德意志、俄罗斯的尚武教育。他指出这些国家和民族之所以称雄扬威，就是尚武教育的结果。对军国民教育思想进行详细阐述的是蒋百里。1902 年，他在《新民丛报》上发表《军国民教育》一文，提出军国民教育的实施应通过学校教育，训练学生行军、射靶、击剑、野外演习等能力。“军国民教育”思潮由此席卷近代中国朝野上下，资产阶级革命派在国内所办学校率先开展军

训。在内外形势的压力下，清政府于1906年颁布教育要旨，把尚武教育正式列入教育宗旨，并颁布学校军训的实施办法。1911年4月，全国教育会联合会在上海召开，大会认为欲使全国人民恪尽当兵之义务，必先于学校教育开展学生军训，并通过了《请定军国民教育主义案》，学校军训在清末各类学校逐步开展。清政府实施的学校军训，虽然在客观上有利于改变传统教育“重文轻武”的积弊，增强国民的军事素质，培养国防后备力量，但由于统治阶级惧怕学校军训引发革命运动危及统治地位，以及“重文轻武”的世俗偏见仍根深蒂固，当时的学校军训并未得到真正重视，收效甚微。

1912年，中华民国成立。清末开始的学校军训制度并没有随清政府的灭亡而停滞，反而随着人们认识的提高而更加深入。民国初年，许多社会团体、知名人士热衷于提倡武备教育。例如，民国创办的“妇女宣讲会”认为，国家武备不可须臾或缺，国民尚武精神也不可一日无之。民国首任教育总长蔡元培也发表了《对于教育方针之意见》，进一步阐明其“军国民教育”的思想及实施学校军训的主张。他指出，所谓“军国民教育”，简单说，就是对国民实施军训，以养成尚武精神和军事素质，旨在反抗外来的军事侵略和国内的武力压迫，这是富国强民的根本保证，并主张在教育中，军国民教育应占百分之十。1912年1月19日，中华民国教育部颁发的第一个改造封建教育法令——《普通教育暂行法》第八条规定：“高等小学以上体操应注重兵式。”同年公布的《普通教育暂行课程标准》对初等小学、高等小学、中学及师范学校体操课程的年限、教学时数及教学内容均做了详细规定。同年9月，民国政府正式将军国民教育列入教育宗旨，从教育和训练两方面付诸实施。由此学生军训在各级各类学校迅速开展起来。此外，民国初年学校还组织“少年义勇团”或“童子军”，借以培养学生的尚武精神和军事技能。

第一次世界大战结束时，受当时国际国内思潮的影响，教育界不少人士认为大战的结束，意味着“公理战胜强权”“民治主义打败军国主义”，因此不再提倡“军国民教育”。1928年5月3日，日本炮轰济南，造成“济南惨案”，举国愤疾，尚武教育思想再度成为当时社会思潮的主流。当时的日本政府一面派遣陆军高级军官赴各中等以上学校实施军训，一面缩小限制大学免除兵役义务的范围，此种积极备战的政策引起国内有识之士的高度警觉。他们纷纷发表文章，指出对于强权，讲公理是万万不行的，非尚武不足以救国。“济南惨案”发生时，国民政府大学府正在南京召开第一次全国教育会议。经大会讨论通过了军事课应列为高中以上学校学生必修课，女生应学习护理知识。各大学应请训练总监部派遣正式陆军学校毕业学生为教官开展军训，每年暑期应集中三周以上时间进行严格的军训。由此，学生军训制度在民国时期各类学校教育中延续下来。

中国共产党历来重视通过国民教育培养军事人才，动员一切战争资源为赢得战争服务。早在红军时期，各根据地因地制宜，利用一切条件在各级各类学校中开展军事训练，建立儿童团、赤少队等组织。1931 年 9 月召开的湘鄂赣省工农兵苏维埃第一次代表大会通过的《文化问题决议案》中明确写道：“在苏区自高小以上赤色学校起应一律添上军事课目。”①

抗日战争中，中共中央明确提出了“国防教育”的主张。1937 年 8 月 25 日，中共中央洛川会议制定的《抗日救国十大纲领》把“抗日的教育政策”作为一项重要政策主张写入党的决议，提出“改变教育的旧制度、旧课程，实行以抗日救国为目标的新制度、新课程……实行全国学生的武装训练”。② 抗日战争期间，共产党领导的各抗日根据地内的各级各类学校，一般都开设有与抗战有关的课程或教学内容，以使学生掌握战争所需要的文化知识和技能。例如，陕北公学设有抗日民族统一战线、抗日游击战争和抗日民运工作等抗战理论课程和军事课。学生在校学习期间既学习战略战术、游击战理论和原则，也学队列、射击等技能。陕甘宁边区政府要求，“中学以上学校实行军事化训练，小学实行半军事化组织，使学生在必要时可直接参加抗战。”③ 全国其他抗日根据地的中小学教育也均把军

① 贾若瑜主编：《中国军事教育通史》（下），辽宁教育出版社 1997 年 12 月第 1 版，第 102 页。

② 《毛泽东选集》第二卷，人民出版社 1991 年第 2 版，第 356 页。

③ 中央教育科学研究所编：《老解放区教育资料（二）上册》，教育科学出版社 1986 年版，第 135 页。

事课列为必修课程，教学内容随敌我斗争形式和需要而灵活变更。在生活上，要求中小学教育实行军事化、半军事化管理。

取得全国政权后，党中央和各级人民政府更加重视国民教育对建设强大国防的基础性作用。1950年6月，教育部召开的第一次全国高等教育会议在讨论新中国高等教育的方针时明确提出，“我们的高等教育，必须密切地配合国家经济、政治、文化、国防建设的需要。”

1955年7月30日，第一届全国人民代表大会第二次会议审议通过了《中华人民共和国兵役法》，这是新中国颁布的第一部《兵役法》。《兵役法》第五十四条规定“高级中学或相当于高级中学的学校的学生，应当在学校内受征集前的军事训练”，第五十五条规定“高等学校的学生，应当在学校内受军事训练，并且准备取得预备役尉官军衔和准备担任尉官职务”。为落实《兵役法》的法律规定，第一次学生军训工作试点自1956年初开始陆续在全国部分高等学校和高级中学开展。1957年后，由于种种原因，第一次学生军训工作试点暂停。

1984年5月31日，第六届全国人民代表大会第二次会议通过了新中国第二部《兵役法》。新《兵役法》延续了第一部《兵役法》有关学生军训的法律精神，并做出了更加明确的规定。从1985年9月起，第二次学生军训工作试点在全国50所左右高等学校、100所左右高级中学和相当于高级中学的学校再次展开。此后，学生军训工作的试点范围不断扩大。

2001年6月26日，国务院办公厅、中央军委办公厅转发了教育部、总参谋部、总政治部《关于在普通高等学校和高级中学开展学生军事训练工作的意见》（国办发［2001］48号文件），要求从2001年起，各地要将未开展学生军训工作的普通高等学校和高级中学列入学生军训规划。从此，学生军训工作在全国范围内由试点探索转入全面普及。学生军训工作由试点到普及，标志着我国依托国民教育培养国防后备力量的国防建设思想逐步发展走向规范。

三、学校国防教育与学生军训工作的联系与区别

学生军训工作与学校国防教育一样，作为学校全面育人的有机组成部分，两者既有机联系，又有显著区别。

从两者的相互联系来看，首先表现在根本目标的一致性上。学校国防教育和学生军训工作都是以国民教育阶段在校学生为对象开展的带有军事性的教育训练活动，服从和服务于加强国防和军队现代化建设的总目标，同时也是落实国家总体人才培养战略的重要举措。做好学校国防教育和学生军训工作对于落实学校立德树人根本任务，培养社会主义事业的建设者、保卫者和接班人，实现中华民族伟大复兴的“中国梦”和强军目标，都具有重要而深远的意义。其次，两者在教育训练的内容、方法和形式上也有一定的相通之处，这是由共同的军事性特征决定的。无论对学生开展国防教育还是军训工作，都要学习基本的国防知识、进行基本军事技能训练，至于国防观念、爱国主义和尚武精神、责任意识等精神层面的培塑，更是两者的共同责任。

从区别上看，学生军训工作与学校国防教育的区别主要体现在以下几个方面：

一是具体目标定位不同。学校国防教育是针对全体学生的以“增强公民的国防观念和国家安全意识”为根本目的的教育活动，它的目标主要定位在思想观念上。而学生军训工作作为培养后备力量的重要途径，不仅要提高受训对象的思想认识，更重要的是要使受训对象真正掌握各级各类国防后备人才必须具备的知识和能力，具备一定的综合军事素质，进而作为“可以参战和直接支援作战的武装组织和人员”① 储备起来。这一点从前述我国学生军训工作试点的初衷可以清楚看出。在国外，与我国学生军训工作制度类似的，如美国在地方高校开设的后备军官训练

① 后备力量定义，参见《中国人民解放军军语》，军事科学出版社2011年12月第1版，第31页。

团、俄罗斯在普通高校设置的军事系等，也都把培养预备（现役）国防人才作为基本目标。

二是对象范围不同。虽然从总体上说，无论学校国防教育还是学生军训的对象都是在校学生，但学校国防教育是面向全体学生的，包括小学和初级中学、高级中学和相当于高级中学、高等学校三个层级的学生。而我国现行《兵役法》规定的必须参加学生军训的对象就是高级中学和普通高等学校学生两个层次，这要比学校国防教育的对象范围窄一些。

三是内容不同。学校国防教育围绕提高学生国防意识和培养爱国主义精神这一根本目的，传授基本的国防知识和技能。根据国家国防动员委员会2006年颁发的《全民国防教育大纲》规定，国防教育的基本内容包括：国防理论、国防知识、国防历史、国防法规、国防形势与任务、国防技能等，这些内容具有常识性、普及性、通俗性和渗透性的特点。而学生军训为达成培养国防后备力量的基本目标，在教育训练的内容上具有更强的针对性、系统性。2007年1月，由教育部、总参谋部和总政治部联合颁发的《普通高等学校军事课教学大纲》规定，普通高校学生的军事课包括两部分内容：一是军事理论教学，二是军事技能训练。军事理论教学内容包括：中国国防、军事思想、国际战略环境、军事高技术和信息化战争五部分。军事技能训练的内容包括：条令条例教育与训练、轻武器射击、战术、军事地形学和综合训练等。2003年1月，教育部、总参谋部和总政治部联合颁发的《高级中学学生军事训练教学大纲》规定，高级中学学生军训内容包括集中军训和军事知识讲座两部分，集中军训的内容包括：国防法规，人民军队的性质、宗旨和光荣传统，共同条令，轻武器射击，单兵战术，战伤救护，识图用图。军事知识讲座的内容有：军事思想，军事科技，现代国防，国际战略环境，高技术战争。通过对比可以发现，学校国防教育和学生军训的内容体系尽管有一定的交叉重叠，但两者的区别是明显的，即使是交叉重叠的内容，其训练的根本着眼点和目标也有所不同。如国防教育内容中的国防技能，包括掌握防空袭、核生化武器防护、战场救护、轻武器使用、单兵和分队战术技术等训练内容，但其训练的根本着眼点是“全民防护”。因为未来战争中，无论军人还是普通民众都可能遭到战争的危害，都需要掌握一定的防护知识和技能，以有效保护自己，减少战争伤亡。但是，在学生军训中相关内容的训练则应着眼于“可以参战和直接支援作战”的训练目的，按照战斗人员的要求进行训练。因此，同样的训练内容，两者训练标准和要求是不同的，学生军训标准要高于一般的国防教育。

四是组织形式不同。《中华人民共和国国防教育法》第四条规定：“国防教育贯彻全民参与、长期坚持、讲求实效的方针，实行经常教育与集中教育相结合、普及教育与重点教育相结合、理论教育与行为教育相结合的原则，针对不同对象确定相应的教育内容分类组织实施。”为此，学校国防教育在组织形式上强调经常性和多样性，要贯穿学生在校学习的全过程，既可以课堂教学、讲座、训练的形式开展，也可以通过参观、体验、调研等多种形式进行；既可集中组织，也可分散自发开展；既可利用纪念日等特定时间开展国防教育，又要坚持经常性的国防教育；信息时代的学校国防教育，尤其要善于充分利用现代新兴传媒技术和手段开展多样化的易于青少年学生接受的国防教育活动。与此不同的是，学生军训工作的时间相对集中。现行普通高校学生军训大纲规定，军事理论课教学时间为36学时，军事技能训练时间为2～3周，实际训练时间不得少于14天；高级中学学生军训的总时间为7～14天。学生军训主要通过理论讲授和实际练习相结合的方式集中进行，组织形式相对规范，对理论教学、训练场地、设施等保障条件等都有一定要求。学生军训相对于学校国防教育，其规范性和统一性更强。

五是法规依据不同。学校国防教育的主要法规依据是《中华人民共和国国防教育法》《全民国防教育大纲》等法规。学生军训的主要法规依据是《中华人民共和国兵役法》以及国家和地方各级教育行政部门、军队各级领导机关制定的有关大纲、通知等法律法规。

总之，学校国防教育和学生军训工作虽然都属于学校全面育人的重要环节，根本目的是为了加强国防建设，具有性质相近的特点。但两者从目标定位到具体内容和组织实施都有明显区别，学校国防教育是基础，学生军训工作的针对性、目标性更强，学生军训基于学校国防教育但其目标又高于国防教育。因此，不能把两者混为一谈，更不能相互取代。两者的相互关系可以用图 1.1 表示。

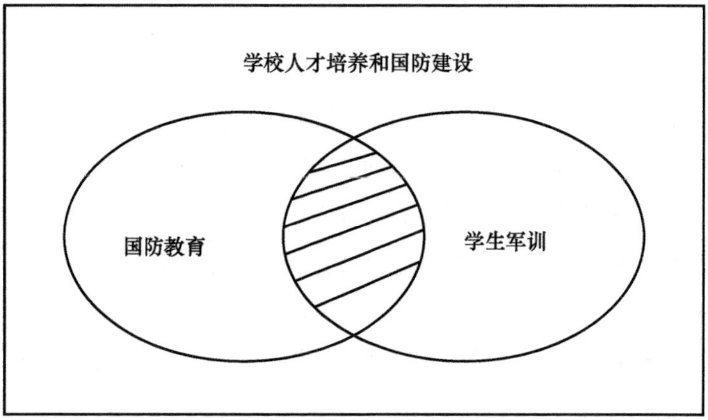

图 1.1　学校国防教育与学生军训关系

此外，在学生军训工作的目标定位上，还有一个值得关注的倾向性问题，就是从综合育人功能上强调学生军训的重要作用，弱化和虚化其培养国防后备力量的基本目标定位。比如，学校在组织开展学生军训工作时，更多地强调军训对于增强学生“思想政治觉悟”，培养学生吃苦耐劳精神、团队合作意识、身体素质等方面的作用，对于国防后备力量的培养则重视不够，或者措施跟不上，因而一定程度上制约了学生军训工作的健康发展和效果。

就学校教育而言，任何一门课程也好，一项活动也罢，都有各自的基本目标定位，同时又是综合育人的一个环节。基本目标是开设一门课程或开展一项教育活动的最直接目的，综合育人则是学校教育教学活动的综合效益体现，是基本目标的拓展。离开基本目标定位，过分强调综合育人功能就会迷失自身发展方向，最终也将失去自身存在的价值。不可否认，学生军训在实践中确实发挥了很好的综合育人功能，但是，若基本目标不能达成，学生军训工作制度存在的必要性就值得怀疑了。因为增强学生思想政治觉悟也好，培养学生吃苦耐劳精神、团队合作意识、身体素质等目标也罢，并非必须通过军训这种形式来实现，而培养后备力量则只能通过军训来完成。组织开展学生军训工作，最直接最根本的目的是培养国防后备力量，其他目标都是间接的，都是这一目标的拓展。

第二节　学校国防教育与学生军事训练工作的地位作用

学校国防教育与学生军事训练工作是学校全面育人工作的重要组成部分，对于加强全民国防教育，增强全民国防观念，培养高质量的后备兵员和预备役军官，乃至提高学生的综合素质，都具有重要作用和意义。

一、提高全民国防意识要从青少年学生抓起

近代思想家梁启超曾说过："今日世界之竞争，不在国家而在国民。"1905 年，日本赢得日俄战争后，日本天皇说，赢了这场战争，他最应当感谢的是日本的小学教师。① 因为明治维新后，日本普及了小学教育。沙俄军队的士兵大多是由农奴组成的，几乎全是文盲。抗日战争中，国民党军队在战场上的表现，也与士兵的受教育程度有很大关系。后来在组建中国远征军时，因为补充了不少青年学生，再经过美军的训练，结果战斗力大大提高。由此可见，教育是民族振兴、社会进步的基石，强国必先强教。

提高全民国防意识是建设强大国防的根本。一个国家国防力量的强弱，固然与经济的发展和军队的战斗力有着密切的联系。但同时，它又与公民国防意识的强弱是密不可分的。公民的国防意识愈强，履行保卫祖国义务的自觉性就愈高。国家安全系数的大小在很大程度上将取决于公民对国家利益和民族利益的关心程度。广大公民树立了正确的国防观、战争观，对国防建设的地位和作用有了理性的认识，就能正确地贯彻执行党和

① 《军事名家的甲午殇思》，《参考消息》，2014 年 4 月 12 日。

政府关于加强和平时期国防建设的方针政策，为实现国防现代化而努力学习和工作；公民对当前的国际形势有了正确的分析和评估，对潜在的战争危险就会产生高度警觉，居安思危，积极做好战争的准备；公民有了国家利益观念，就会对国家与民族的生存与发展产生强烈的忧患意识和责任感，在国际激烈竞争的环境中奋发图强，为富国强兵做贡献；公民有了高度的爱国主义精神和献身精神，就会正确处理国家、集体、个人三者的利益关系，把祖国和人民的利益放在首位，勇于为保卫祖国牺牲一切。广大公民能够崇尚武德，积极地做好物质上和精神上的准备，一旦战争爆发，就能使国家立于不败之地。反之，在遇到外敌入侵时，就会猝不及防，蒙受损失，甚至山河沦陷，国破家亡。

党的十八大报告提出，“建设与我国国际地位相称、与国家安全和发展利益相适应的巩固国防和强大军队，是我国现代化建设的战略任务。”① 十八大后，习近平总书记在率领新一届中央领导参观“复兴之路”展览时提出了中华民族伟大复兴的“中国梦”。“中国梦”昭示着国家富强、民族振兴、人民幸福的美好前景。强国梦蕴含着强军梦，强军梦支撑着强国梦。为实现“强军目标”的要求，我们不仅要重视物质方面的建设，而且也要十分重视精神方面的建设。增强全民国防意识，就是精神建设的重要内容。翻开中国和世界战争史，我们不难看出，在国家与国家、民族与民族、侵略战争与反侵略战争中，以弱胜强，以小胜多的事例比比皆是。这固然有各方面的因素，但与国民的国防观念、献身精神是不可分割的。在中国革命战争中，中国共产党就是依靠这种精神力量转化为强大的物质力量，以劣势的装备打败了强大的敌人。加强国防教育是提高全民国防观念、增强国防实力的一项有效措施。

学校国防教育具有重要的基础性作用。全民国防教育是一项巨大的系统工程，涉及人员广，教育对象杂，开展这一教育的难度较大。相对于其他社会组织和成员，在学校就读的青少年学生，人员集中，组织严密，管理正规，带有半军事化性质，便于组织和开展国防教育。而且广大青少年

---

① 《十八大报告辅导读本》，解放军出版社 2012 年 11 月版，第 42 页。

学生求知欲望强，学习效果好，学校的学习影响长远。因此，扎实开展学校国防教育，打牢国民国防观念的基础，对于建设强大国防具有重要的基础性作用。

学校国防教育具有较强的辐射效应。学校的国防教育不仅可以影响学生一生的成长和发展，而且可以辐射到社会各行各业。通过学校国防教育，对广大青少年学生进行正面引导，使他们正确认识经济建设与国防建设、保卫祖国与建设祖国的关系；使他们正确处理好个人的发展与国家的安危、个人的理想与国家的发展之间的关系；使他们在对自己前途和希望的美好追求中树立居安思危、常备不懈的国防观念，在头脑中筑起一道坚强的精神长城。这样，当他们长大成人走向社会以后，他们的一言一行、一举一动都将影响辐射到周围的人。因此，从青少年学生抓起，筑牢他们国防观念这个基础，一定能有效地带动全民国防教育的开展，促进全民国防观念的提高。

二、培养高素质后备兵员和预备役军官的有效途径

常备军与后备力量相结合，是当今世界各国国防力量建设的共同做法。国防后备力量主要包括“预备役部队、民兵和其他预备役人员，以及经过训练的大、中学校学生”①。在国防后备力量建设中，学校的国防教育和学生军训工作发挥着重要的作用，而且，随着形势的发展，其地位越来越突出。

提高青年学生履行兵役义务的自觉性。在学校国防教育和学生军训中，通过学习国防法、兵役法、国防教育法等法律法规，可以使广大青年学生了解我国现行的兵役制度，掌握公民履行兵役义务的形式、途径及有关规定，认识到服兵役既是法律赋予公民的神圣义务，也是个人、家庭和学校的无尚光荣，从而坚定参军报国，投身军营的志向，把个人的成才梦与国家的强军梦融合在一起。2005 年，清华大学水利系本科生谭振文应征

---

① 《中国人民解放军军语》，军事科学出版社 2011 年 12 月第 1 版，第 31 页。

入伍，到南海舰队某保障基地服役，后来在他本人的强烈要求下，被派往祖国最南端的南沙守备区永暑礁，成为第一个守礁的清华男兵。由于在军营的优异表现，他被评为“优秀士兵”，并光荣地加入了中国共产党。他在回忆自己的军旅生活时深有感触地说道：“我的生命中有两所大学，清华大学教会我文化知识和如何在这个世界上安身立命，部队大学则让我的人生得到升华，教会我如何战斗。我觉得自己非常幸运，能在这两所最优秀的大学里学习、战斗。”①

训练和储备大量优质兵员。随着战争形态的深刻演变，武器装备的技术含量越来越高，军队对士兵的文化素质要求也随之大大提高。在未来高度信息化、智能化的战场上，不仅需要英勇顽强、不怕牺牲的精神和意志，更需要具备熟练掌握和操纵高新技术武器装备的能力。一个没有较高科学文化知识的军人，就跟工业时代缺乏劳动技能的工人一样，将无法在未来战场上一显身手。从2001年起，我军开始从地方普通高等学校征集大学生士兵入伍。为此，军队和地方各级政府、高校制定了各种鼓励和优惠政策，人大常委会还对《兵役法》做出修改，取消了在校大学生作为缓征对象的规定。近年来，大学生士兵入伍的数量逐年增加，已经成为兵员征集的重要对象。青少年学生，接受能力强，在思想上、身体上都处于接受国防教育和军事训练的最佳时机。通过国防教育和开展学生军训，使其在接受科学文化教育的同时，初步掌握现代军事知识和军事技能，将来无论补入现役部队，还是编入预备役部队和民兵组织，都会使兵员的整体素质得到提高。因此，搞好学校的国防教育和学生军训工作，可以保证平时少养兵，战时多出兵、出好兵。

为培养合格预备役军官打牢基础。现役与预备役，都是我国武装力量体制的重要组成部分。预备役军官则是我国后备力量建设的骨干，平时参加一定时间的军事训练，不断提高军事技能和指挥能力，战时根据需要补充到军官队伍中，将发挥重要作用。现行《兵役法》规定，我国的预备役军官包括下列人员：退出现役转入预备役的军官；确定服军官预备役的退

① 《别样的青春，清华学子应征入伍典型事迹报告会》，新华网，2010年6月14日。

出现役的士兵；确定服军官预备役的普通高等学校毕业学生；确定服军官预备役的专职人民武装干部和民兵干部；确定服军官预备役的非军事部门的干部和专业技术人员。其中，高校毕业生是服军官预备役的一支重要力量。为此，我国制定了中国特色的学生军训工作制度，其中，普通高校大学生参加军训的基本目标就是为培养预备役军官打好基础。通过高中和大学两个阶段的军训以及丰富多彩的学校国防教育活动，大学生既可学到一定的军事知识，又经历了实际的军事技能训练，掌握一定的组织指挥方法，这就为服军官预备役奠定了基础。毕业后一旦被确定服军官预备役，再经过进一步训练，就可成为一名合格的预备役军官，履行指挥职责。

军民融合培养国防人才的重要途径。现代国防所需的专门人才种类越来越多，有的专业军地通用性很强，可以不编入现役，而以预备役的形式储备于国家各行各业，平时进行必要训练，战时根据需要及时动员，直接投入战争之中。海湾战争时，美军首批征召的5万名后备人员与现役部队一道或首先开赴前线。他们主要集中在工兵、油料、机械维修、工程建筑和飞行保障等军地通用性专业。进行与军事专业对口的预备役人员建设，他们与军队职能相近、任务相通、装备相同，因而无需军队专门编组相应部队，只要经过一定的军事训练、预先进行编组，就可在战时做到召之即来、来之能战。学校国防教育和学生军训工作恰可承担这一工作，也是军民融合培养国防人才的一个重要途径，通过持久的国防教育和有效的军事训练，可以使青年学生在掌握专业知识的同时，掌握一定的军事知识和技能，成为军民通用型人才，平时储备在国家各行各业中，需要时直接征召转化为国防实力。

三、提高学生全面素质的重要环节

坚持以人为本、全面实施素质教育是教育改革的战略主体。素质教育是个系统工作，涉及方方面面。从近年来各级教育行政部门和各级各类学校的实践看，开展丰富多彩的国防教育活动和学生军训工作，是促进素质教育的一个重要方法，是提高学生全面素质的一个重要环节。

第一，提高思想政治觉悟。战争是流血的政治，军事是政治的继续，国防本身就是军事和政治的综合。通过学校国防教育和学生军训工作，对坚定广大青少年学生正确的政治方向、提高思想政治觉悟将产生积极的影响。如通过介绍我军的发展历史、建军原则、典型战例和解放军的优良传统以及我国国防现代化建设成就等，能大大激发学生们的爱国热情，进一步提高他们对中国共产党的认识。这些内容的介绍使学生们看到，只有在中国共产党的领导下，人民军队和全国人民一道，经过艰苦卓绝的努力才推翻了“三座大山”，结束了中华民族受奴役、受欺凌的屈辱历史，建立了人民当家做主的新中国；只有在中国共产党的领导下，才能使全国人民齐心协力进行社会主义革命和建设，进行改革开放，不断提高我们的综合国力。同时，结合苏联解体、东欧巨变等现实的国际斗争形势，忆往抚今，使同学们更加清楚地认识到没有共产党就没有新中国，没有共产党就没有改革开放，没有共产党就没有中国的发展壮大，没有共产党就不能使中华民族屹立于世界民族之林。一名清华大学的新生在军训和军事课结束后的心得体会中写道：“国防教育使我们心明眼亮，既看清了历史，又了解了现实。无论在任何时候、任何情况下，都要坚持马列主义，毛泽东思想和邓小平理论不动摇，坚持建设有中国特色的社会主义不动摇，坚持党的基本路线一百年不动摇。”由此可见，学校国防教育和学生军训对于坚定学生们的政治信念，树立高度的政治责任感，具有突出的教育效果。

第二，磨炼优良的道德品质。由于生活条件的日益改善和成长环境的变化，当代青少年学生中比较普遍存在的一个弱点，就是自我意识较强，以我为中心，集体观念和协作精神比较淡薄。而国防教育和学生军训，在克服学生这些弱点方面具有独到的功效。无论是教育内容还是组织形式，无论是实施教育的环境条件还是方法措施，如艰苦的队列训练、严格的集体生活、标准的内务管理以及频繁的评比竞赛等，都将对学生们树立高度的集体主义观念和团结协作精神等起到潜移默化的作用。通过对人民军队的发展历史和光辉战斗历程的学习，尤其是通过对邱少云、董存瑞、黄继光等英雄人物和事迹的介绍，可以使学生们懂得团结的力量、集体的作用，个人只有融入集体当中才能发挥更大的作用，战胜任何艰难险阻。任何军事行动都需要大家互相协作、不怕牺牲、团结一致，才能取得胜利，否则将遭致失败。因此，每个人都要自觉维护集体荣誉，为集体争光，必要时不惜牺牲个人利益直至生命。在军训中，学生们通过连与连、排与排、班与班、人与人之间的评比、竞赛、互帮互学，以及个人与集体关系的大讨论，进一步增强集体主义精神和集体荣誉感。而且，这种集体主义精神和集体荣誉感能为加强校风和学风以及班集体的建设奠定良好的基础。在北京中医药大学进行的问卷调查显示，74.9%的同学认为“军训对于增强学生的组织纪律性具有重要作用”，72.9%的同学认为“军训可以促进学生综合素质的提高”。

第三，养成良好的行为规范。在国防教育和学生军训中，学生们从战斗英模等先进人物和事迹的介绍中，了解解放军战士的人生追求和苦乐观，从而养成个人的良好行为规范，培养全心全意为人民服务的高尚品质。例如，清华大学自动化系的一位新生在军训总结中写道：“教官和我们的年龄差不多，他们抛家舍业保卫祖国。我考上了清华，能有更多的机会获取知识，成为人人向往的‘天之骄子’。可在很多方面，他们能做到的，我却做不到。因此，我要通过军训，很好地向解放军学习，要树立正确的人生观，争取在不同的岗位上为国家做出同样的贡献。”实践证明，国防教育和学生军训在一定程度上，能起到使学生们树立爱祖国、爱人民，自觉抵制享乐主义和极端个人主义思想侵蚀，把个人前途和国家的命运紧密联系在一起，树立积极为国家的强盛做贡献的责任意识。此外，通过学习解放军的优良作风和品质，能使学生们懂得一个人只有立德，才能立身，只有吃苦才能立志，只有勤奋才能立世，立德、勤奋加吃苦才能永远立于人生不败之地的深刻道理；对培养学生们诚实、守信、勤劳、敬业、谦虚谨慎、乐于助人、见义勇为、尊敬师长、礼貌待人、朴素大方、廉洁奉公、爱护公物、维护公共秩序等优良品质，做抵制不良社会风气的精神文明带头人等方面，都将产生积极的影响。

第四，拓宽知识面、完善素质结构。科学研究表明，一个人要想成为某一领域的专家，需要学习掌握五万个以上相对独立、呈游离状态的知识单元。一旦需要，作为潜意识存在的知识贮备，才能非逻辑地迸发连接，实现信息跃迁，为创造发明提供足够的想象力和判断力。军事科学是一门综合性很强的知识体系，涉及政治、经济、天文、地理、历史等各个学科，自然科学与社会科学兼通，具有很强的哲学与方法论特征。一部《孙子兵法》，既可使读者领略高深的兵家权谋，也可从中学到经商之道，甚至还可作为文学名著赏析。人类社会发展的历史已经证明，任何先进的科学技术往往首先应用于军事领域，反过来国防和军事斗争的需要又大大地促进了人类科学技术的发展。著名科学家钱学森曾经说过：“一个科学家，如果没有军事知识，那么他还不是一个完善的科学家，他的大脑思维脉络还缺了一根重要的经络。”因此，不仅军人要深入学习和研究军事科学，作为普通公民，学习一定的军事科学对丰富自己的知识体系，提高综合能力和素质，同样具有十分重要的作用。学校国防教育和学生军训工作，既有丰富的理论知识传授，又有很强的动手能力要求。例如军事思想、现代军事科学技术知识等课程，具有很强的理论性和知识性，而队列、射击、战术等训练科目又非常突出实际操作能力。其中许多课程本身是知识与能力的综合训练。如学习军事地形学，不仅要求学生掌握识图知识，而且还要掌握用图方面的实际能力；学习轻武器射击科目，不但要求学生明了机械构造、射击原理等理论知识，而且还要求学生熟练掌握枪械的性能、用途，学会操作方法。因此，国防教育和军训是把书本知识和实践能力紧密结合的教育，可以拓展学生的知识领域，增长能力才干，提高智力素质。这无疑对完善学生的智能结构，弥补学校教育中的某些不足，促进学生的全面发展大有益处。

第五，提高身心素质。在我国，对读书人历来有“寒窗苦读”之说。时至今日，无论是大学生还是中、小学生，虽已不存在“寒窗”的问题，但“苦读”却绝不亚于过去。一名学生，从小学到大学要在学校中度过长达十多年的时间。而这期间正是他们长身体的时候，如果不加强锻炼，忽视学生的身心发展，这将对他们今后走向社会后的工作和生活带来许多影响。当代青少年学生普遍存在着心理脆弱、视力下降、身体素质不强等问题。毫无疑问，这与他们参加实践活动少，锻炼不够有着直接的关系。而国防教育和军训在这方面却恰恰能弥补其不足。比如在集中军训时，通过队列、战术、射击等训练，不仅使学生们掌握基本的军事技能，同时也能使他们的身体和心理素质得到很好的锻炼。许多参加军训后的学生反映，军训前和军训后身体素质明显不一样，通过一段军训生活，使自已的身体更加强壮了。军训后，许多学校把巩固军训成果与体育教学结合起来，组织学生出早操或是晨跑，开展多种形式的国防体育活动，这样就使学生的身体素质得到了进一步的锻炼和巩固，为今后走向社会打下了一个坚实的基础。学生军训生活比较艰苦，在训练中的要求又非常严格，包括严格的纪律约束、动作标准、操作规程、生活管理等。这些都无疑会使学生领略到一种全新的感受，得到在其他任何生活实践中所不能得到的收获。军训可以锻炼和培养学生顽强的毅力和坚定的信心。紧张艰苦的训练，军人的艰苦奋斗、默默奉献精神等，都会深深地感染着学生们，增强他们战胜困难的勇气，磨炼他们的意志，培养他们吃苦耐劳的品质和良好的心理素质。尤其是在与部队教官朝夕相处中，他们的言传身教，使学生们清楚地看到，作为一名军人，从来都是在生死关头挺身而出，在困难面前一往无前，从不考虑个人安危，从不计较个人得失。这样对帮助学生们克服心理脆弱，增强自信心能起到非常重要的作用。

总之，加强国防教育和学生军训工作，不仅能够提高学生的全面素质，增强学生的国防观念，而且还能为我国培养一大批高素质的后备兵员和预备役军官，并为加强全民的国防教育奠定坚实的基础。

第三节　学校国防教育与学生军事训练工作的发展概况

新中国成立以来，党和政府非常重视学校国防教育的学生军训工作，在不到六十年的时光里，学校国防教育与学生军训得到飞速发展，取得不少成绩。

一、新中国建立初期的学校国防教育与学生军训工作（1949～1954 年）

新中国建立初期，百废待兴，学校国防教育工作在艰难中起步。当时，国民党还有上百万军队在西南、华南和沿海岛屿负隅顽抗，肃清残敌，消灭土匪武装，维护社会治安，保卫新生人民政权的任务还很繁重。1950年6月，朝鲜战争爆发，美国武装干涉朝鲜，把战火烧到中国东北的鸭绿江边，同时把第七舰队开进台湾海峡，以武力阻止中国人民的统一大业。为了巩固人民民主政权，中国人民派出志愿军入朝作战。

建国初期，为了配合党和国家的中心任务，各级各类学校普遍开展了以爱国主义、革命英雄主义为主要内容的国防教育。尤其是抗美援朝战争期间，全国人民热烈响应党中央和毛泽东主席发出的“抗美援朝、保家卫国”的伟大号召，掀起了轰轰烈烈的抗美援朝运动。广大青少年学生满怀激情地投入到这场运动中，采取各种形式宣传抗美援朝，受到了一次生动实际的国防教育。

1950年12月1日，中央人民政府、人民革命军事委员会、政务院《关于招收青年学生青年工人参加各种军事干部学校的联合决定》公布后，全国各大、中学校的学生积极响应，掀起了涌跃报名的热潮，据《人民日报》报道，全国有几十万青年学生报名参加军校。在此后的相当一段时期内，学校的国防教育，仍然是以宣传抗美援朝，号召和鼓励学生积极参加军事干部学校，为加强我国的国防建设而做出贡献为主题。抗美援朝战争结束后，全国人民，尤其是广大青年学生始终把志愿军作为心中最可爱的人，拥护解放军，积极参加国防建设成为青年学生的自觉行动。

与此同时，各级学校在生物、化学和物理课教学中，还结合战争情况，介绍一些在军事上的应用以及化学武器、细菌武器常识等。体育课结合军体训练，使学生增强体魄，掌握军事技能。

二、社会主义建设探索时期的学校国防教育与学生军训工作（1955～1976年）

抗美援朝战争结束后，国家全面转入经济建设，加强国防和军队正规化现代化建设被提到议事日程。学校的国防教育和学生军训工作不断摸索和试验各种有效方法和形式。

1955年1月4日，《人民日报》以“向人民群众经常进行国防教育”为题发表社论，要求各地组织青年学生“在暑期试办军事训练和探险旅行，有条件的地方开展国防体育活动，使我国人民特别是我国青年不只是具有高度的爱国主义和革命英雄主义的气魄，而且具有健康强壮的体魄和初步军事知识，成为优秀的全面发展的公民”①。

1955年7月30日，第一届全国人民代表大会第二次会议审议并通过了我国第一部《兵役法》。《兵役法》第八章第五十四条和第五十五条明确规定“高级中学或相当于高级中学的学校的学生，应当在学校内受征集前的军事训练”，“高等学校的学生，应当在校内受军事训练，并且准备取得预备役尉官军衔和准备担任尉官职务”。② 为了落实《兵役法》的相关规定，第一次学生军训工作试点从1955年冬开始，陆续在全国部分高等学校和高级中学开展。1957年后，由于受各种客观条件制约，加之学生课业负担重，军训时间有限，难以达到预期目标，第一次学生军训工作试点暂停。

1958年后，美国加强对我国的包围和封锁，蒋介石集团也在美国的支持下，叫嚣要反攻大陆。在这一新的形势下，党中央号召“全国大办民兵师”，要求各基层组织，尤其是高等学校应当建立民兵组织。1958年8月，中共中央《关于民兵问题的决定》中明确规定，“大、中学校要增设军事课程，实施军事训练。”不久，毛泽东主席发出“要大办民兵师”的号召，他说：民兵师的组织很好，应当推广。这既是军事组织，又是劳动组织，又是教育组织，又是体育组织。③ 中共中央的决定和毛泽东的重要指示，为新的形势下学校国防教育工作确定了方向。由此，民兵训练成为这一时期大中学校国防教育的主要形式。

1964年以后，按照毛泽东、周恩来、彭真同志关于要加强大、中学生军事训练，组织高等学校学生到部队当兵锻炼的指示，许多大专学校组织

① 教育部国防教育办公室编：《学校国防教育文献汇编》，军事谊文出版社2004年6月版，第18页。

② 教育部国防教育办公室编：《学校国防教育文献汇编》，军事谊文出版社2004年6月版，第22页。

③ 教育部国防教育办公室编：《学校国防教育文献汇编》，军事谊文出版社2004年6月版，第74页。

学生到部队短期当兵体验军事生活，从而又开创了一种新的学校国防教育和学生军训工作模式。

1966年“文化大革命”开始后不久，学校的正常教学秩序被打乱，学生军事训练、民兵训练、战备教育及其他形式的国防教育活动被迫停止。后来，随着形势的开展，党和政府先后发出了许多指示，要求大中学校学生进行军政训练，特别是“文革”后期要求学校组织学军活动，使学校国防教育在特定历史条件下延续开展。

三、社会主义建设新时期的学校国防教育与学生军训工作（1977～2000年）

1976年10月，我国进入了新的历史发展时期。1977年底，中断十年之久的高考制度得到恢复。十一届三中全会后，党和国家的工作中心转移到社会主义现代化建设上来，我国社会主义现代化建设进入了改革开放的新阶段。

在改革开放初期，我国各级各类学校的国防教育和学生军训延续了“文革”前的一些做法，主要采用三种基本形式：一是采取学军的方式，由学校制定学军计划，承训部队具体组织实施；二是开设军事课，由学校教务部门制定训练计划，列入学校教学计划组织实施；三是部分国防性质的学校，实行半军事管理。学校的国防教育和军训工作在时间和内容上没有统一规定。

1984年5月31日，第六届全国人民代表大会第二次会议通过新的《中华人民共和国兵役法》。新《兵役法》延续了第一部《兵役法》关于学生军训的规定。随之，第二次学生军训工作试点再次启动，学生军训工作和学校国防教育逐步走向正规。

1985年9月，参加第一批学生军训试点的高等学校约有50所左右、高级中学和相当于高级中学的学校100所左右，按照统一的军训大纲，相继开展军训试点。1986年，参加试点的高等院校扩大到69所，参训大学生由4万人增加到7万余人，其中有7所高等院校的1万余名学生到部队驻训，102所高级中学参加军训的学生达到2.7万余人。1987年后学生军训试点高校进一步增加到105所。

1989年8月26日，国家教委、总参谋部、总政治部印发《关于1989年学生军训工作有关问题的通知》，决定在全国143所高等院校开展学生军训，其中137所高校的学生在校内实施训练，北京大学、复旦大学等6所高校的学生到部队驻训。同年12月，国家教委在大连市组织召开13个省（市）部分军训试点院校理论研讨会，就学生军训的组织领导、训练内容、训练时间、组训模式以及管理保障等方面的问题进行深入研讨，系统总结梳理了学生军训试点以来的成功经验和做法，对全国学生军训工作进一步发展起到了有力的促进作用。

此后，我国学生军训试点规模进一步扩大，参训学生人数不断增多。到1996年9月，参加试点的高等学校增加到157所，年受训学生达到30余万人，高中阶段军训学校增加到500多所，年受训学生近30万人。与此同时，全国还有数百所非试点普通高校和高级中学自行组织了学生军训。到2000年，经过16年的试点和探索，我国学生军训在组织领导、内容形式、师资队伍建设、训练管理和保障等方面积累了许多成功经验，摸索出一套具有我国特色、符合我国国情、行之有效的工作运行机制和组织办法，为在全国范围内普及学生军训奠定了坚实基础。

四、新世纪以来的学校国防教育与学生军训工作（2001年至今）

进入新世纪，国际国内形势发生了深刻变化，世界新军事革命方兴未艾，我国安全和发展利益日益拓展，国防和军队现代化建设步伐加快，国家对人才培养和国防后备力量建设提出了新的更高要求，学校国防教育和学生军训工作适应新世纪新阶段形势发展需要，进入一个新的发展阶段。

2001年4月28日，第九届全国人大常委会第21次会议通过了《中华人民共和国国防教育法》。该法第十五条规定："高等学校、高级中学和相当于高级中学的学校应当将课堂教学与军事训练相结合，对学生进行国防教育。""高等学校、高级中学和相当于高级中学的学校学生的军事训练，由学校负责军事训练的机构或者军事教员按照国家有关规定组织实施。军事机关应当协助学校组织学生的军事训练。”《国防教育法》的公布施行，为学校国防教育和学生军训工作提供了新的法律依据。

2001年6月26日，国务院办公厅、中央军委办公厅转发了教育部、总参谋部、总政治部《关于在普通高等学校和高级中学开展学生军事训练工作的意见》（国办发［2001］48号文件）。文件对学生军训的指导思想和目的、组织领导、工作机构建设、工作规划和要求、师资配备、管理保障等都做出了明确规定，同时还要求从2001年起，各地要将未开展学生军训工作的普通高等学校和高级中学列入学生军训规划，统筹安排，逐步开展学生军训工作，到2005年全国所有普通高等学校、高级中学都要开展学生军训。该文件的下发和执行，标志着我国学生军训工作从试点探索转入全面普及的发展阶段。

为贯彻落实国办发［2001］48号文件精神，2001年11月9日至11日，教育部、总参谋部、总政治部在天津市召开全国学生军事训练工作会议。会议全面总结了国家从1985年开展学生军训试点以来的经验教训，分析了新世纪、新阶段我国学生军训工作面临的形势与任务，表彰了全国学生军训工作先进单位和个人，并对今后一个时期学生军训工作进行了全面部署。此次会议的召开，推动了学生军训在全国的普及开展，开创了学校国防教育和学生军训工作的新局面。在此基础上，2003年6月20日，教育部、总参谋部、总政治部在研究各地区学生军训工作开展现状的基础上，根据形势发展要求，制定了《2003年～2005年全国学生军训工作发展规划》，对2003年至2005年全国学生军训工作进行了总体规划设计，明确了学生军训的指导思想、目标任务、师资队伍建设、课程建设、经费与训练保障以及具体的组织实施要求等。各省（自治区、直辖市）教育行政部门、军事部门和学校及时出台相关政策和措施办法，制定本地区学生军训发展规划，推动了学生军训由试点转向普及发展。

为进一步规范学生军事技能训练和军事理论教学，2002年和2003年，教育部、总参谋部、总政治部制定并印发了《普通高等学校军事课教学大纲》和《高级中学学生军事训练教学大纲》，对学生军事技能训练和军事理论教学的性质、目标、时间、内容、要求做出了详细规定，为普通高等学校、高级中学组织实施学生军事技能训练和军事理论教学提供了基本依据。2007 年 1 月 24 日，教育部、总参谋部、总政治部对 2002 年制定的《普通高等学校军事课教学大纲》进行重新修订印发，要求从 2007 年 9 月起施行。新大纲对普通高等学校军事课课程性质、课程目标、课程要求、课程内容、课程建设以及课程评价等方面都做出了明确具体的规定，为教育行政部门和军事部门检查指导学生军事训练工作，普通高等学校组织开展学生军事技能训练和军事理论教学提供了基本依据，有力地促进了学生军训的规范化发展。

2017 年 8 月，国务院办公厅、中央军委办公厅联合下发了《关于深化学生军事训练改革的意见》，着眼国家安全与发展战略全局，明确了新形势下进一步深化学生军事训练改革的总体思路、重点任务、组织实施和改革措施，学生军事训练进入一个新的发展阶段。

第四节　学校国防教育与学生军事训练工作研究情况

近年来，随着学校国防教育与学生军训工作的深入开展，人们也在不断回头看，在历史研究中总结经验和教训，取得了一批有影响的研究成果。这些成果既为我们的研究提供了很好的学习与借鉴，也是我们进一步深入研究的基础。其中，有代表性的研究成果主要有《学校国防教育史》《高校国防教育与人才培养研究》《新中国国防教育理论与实践》等。

《学校国防教育史》是全国哲学社会科学“九五”规划重大课题“中华人民共和国教育史研究”的子课题之一，由原教育部国防教育办公室朱世杰、廖文科主编。该书全面总结了新中国成立以来学校国防教育与学生军训工作所走过的历程。该书把学校国防教育划分为建国初期、社会主义探索时期、“文化大革命”时期、历史转变时期、改革开放初期、社会主义市场经济探索时期六个阶段，对不同时期学校国防教育的方针和主题、主要活动、组织领导和保障、法规制度建设等方面进行系统梳理。由于该书作者都是建国以来学校国防教育的组织者和参与者，情况熟，站位高，因而研究成果具有较强的系统性和权威性，这是研究新中国成立以来学校国防教育和学生军训工作的奠基之作。

《高校国防教育与人才培养研究》是全国教育科学“九五”规划教育部重点课题，由清华大学副书记杨邵愈牵头的课题组完成。该课题根据我国高校开展国防教育的实际情况，结合古今中外开展军事教育与国防教育的经验教训，分七个子课题从不同侧面研究、论证了高等学校开展国防教育与培养全面发展的高素质人才之间相互关系及其重要作用。其中，子课题之三“新中国成立以来我国国防教育的回顾与分析”，分五个历史阶段对建国以来高校国防教育的主要做法和经验教训进行总结。这五个阶段分别是：第一阶段（1950～1954 年），开展抗美援朝教育，号召学生积极参加军事干校；第二阶段（1955～1957 年），按照《兵役法》的规定，首次实施学生军训试点；第三阶段（1958～1963 年），采取在大学建立民兵组织，坚持开展民兵训练；第四阶段（1964～1984 年），各高校积极组织学军活动，让学生直接体验军事生活；第五阶段（1985～1999 年），再次实施军训试点，使高校的国防教育初步纳入教学轨道。该课题研究人员作为亲历者和参与者，对高校国防教育与学生军训工作有着切身体验，课题研究的重点是总结经验、探索未来发展。该课题研究对深入研究学校国防教育和学生军训工作的改革创新具有一定的启示作用。

《新中国国防教育理论与实践》是江苏省哲学社会科学研究“十五”规划基金项目，由解放军南京政治学院历史系教授季云飞主持完成。该课题主要按历史发展脉络，对建国以来各个不同历史时期围绕国防和军队建设主题开展的国防教育活动进行梳理总结，探讨国防教育的有益经验。这种以教育主题为中心的研究视角独特，有利于围绕中心问题展开深入研究。参加该课题研究的都是军队内部的研究人员，因而对于建国后国防和军队建设的情况较熟悉，对国防教育的需求分析把握较好，研究的针对性较强。

除上述主要成果外，还有一些研究课题与专著也涉及学校国防教育与学生军训工作问题。这些研究成果都从不同领域、不同视角对建国以来学校国防教育与学生军训工作进行了总结和分析，为我们进一步研究该问题奠定了很好的基础。

但是，在上述研究成果中，也有一些不足之处。共性的问题主要有：一是对学校国防教育与学生军训工作两者的联系与区别认识不清，普遍把学校国防教育与学生军训工作混为一谈，从而影响到对这两项性质相近但定位各不相同的工作研究的深入。二是上述研究成果，尤其是地方研究人员的研究，大多从教育自身规律和素质教育要求出发分析国防教育的现状和问题，从国防和军队建设，特别是后备力量建设需要角度研究国防教育和学生军训工作着力不够，研究的目的性、针对性还不强。三是上述研究成果对于建国以来学校国防教育和学生军训工作的主要活动、取得的成就及经验研究比较充分，对存在问题的分析还略显单薄，对进一步改进工作的思路和措施研究还不够深入。此外，上述成果大多是十几年前的研究课题，对近十多年来，尤其是《国防教育法》颁布实施和学生军训由试点到全面普及开展以来的工作研究还几乎是空白。近年来，虽然有不少学术文章对此做了一些有益的探讨，但系统性和深度还很不够。综合上述原因，对建国以来学校国防教育与学生军训工作进一步深入研究，尤其针对目前工作现状和问题，探讨今后工作的改革创新，不仅十分必要，而且非常迫切。

第二章
建国初期的学校国防教育与学生军事训练工作（1949～1954）

中华人民共和国的成立，开辟了中国历史的新纪元。建国初期，由于大规模人民解放战争刚结束，紧接着又进行了历时三年的抗美援朝战争。在这样的大背景下，学校国防教育受到了党中央、政务院和各级政府的高度关注和重视，各项工作和制度建设从零开始，逐步建立和完善，取得了令人瞩目的成就。

第一节　面临的形势和任务

建国初期，新生的共和国百废待兴，政权和制度建设是首要任务。与此同时，国民党还有上百万军队在西南、华南地区和部分沿海岛屿负隅顽抗，肃清残敌，消灭土匪武装，维护社会治安，保卫新生人民政权的任务还很繁重。1950 年 6 月，朝鲜战争爆发，共和国又面临着以美国为首的帝国主义侵略和颠覆的严重威胁。在这样的形势和背景下，学校国防教育工作艰难起步。

一、人民解放军实施战略追击和清剿土匪

1949 年 10 月 1 日，当中华人民共和国举行开国大典的时候，东北全

境、华北全境、华东大部和西北、中南部分地区业已解放。这时，国民党军队尚有140余万残兵败将盘踞在西南和中南、西北、华东部分地区及东南沿海部分岛屿上。人民解放军总兵力已增加到400多万，武器装备明显改善，战斗力进一步提高，士气高昂，对国民党残余兵力已占绝对优势。在开国大典上朱德总司令宣读了人民解放军总部命令，要求全军指战员“坚决执行中央人民政府和伟大的人民领袖毛主席的一切命令，迅速肃清国民党反动军队的残余，解放一切尚未解放的国土，同时肃清土匪和其他一切反革命匪特，镇压他们的一切反抗和捣乱行为”。[①] 遵照命令，人民解放军继续对国民党军实施战略追击，完成解放战争尚未完成的任务，并先后在新解放区开展大规模清剿土匪的工作，奠定了国内的安定局面。

二、支援朝鲜、越南人民的反侵略战争

1950年6月25日，朝鲜半岛爆发军事冲突。美国武装干涉朝鲜半岛，同时把第七舰队开进台湾海峡，以武力阻止中国统一。面对美国赤裸裸的侵略和恫吓，中共中央和毛泽东主席做出了“抗美援朝，保家卫国”的战略决策。从1950年10月19日中国人民志愿军跨过鸭绿江入朝参战，至1953年7月27日朝鲜停战协定签字，在三年零九个多月的抗美援朝战争中，中国军队与朝鲜人民军并肩作战，经过战略反攻和战略相持两个阶段的艰难斗争，共毙伤俘以美国为首的侵略军和韩国军109万余人，最终赢得了抗美援朝战争的胜利。

1950年初，越南抗法战争处于最艰苦的岁月。应越南共产党中央和越南民主共和国主席胡志明的请求，中国向越南提供了大量武器装备和军需物资援助，并在中国境内帮助越南训练人民军主力部队，开办学校，培养干部。1950年4月后，又派出军事顾问团进入越南境内帮助越南军队建设和协助组织指挥越南人民军作战。1954年5月7日，越南奠边府战役胜利

---

① 朱德：《中国人民解放军总部命令》，载《朱德选集》，人民出版社1983年8月第1版，第269页。

后，援越抗法斗争随之结束。

抗美援朝战争和援越抗法斗争的伟大胜利，离不开包括青年学生在内的全国人民大力支持。战争期间，许多热血青年放弃学业和安宁生活，毅然投笔从戎，甚至血洒疆场。同时，这两场战争也是对广大青年学生进行以爱国主义、革命英雄主义为核心的国防教育的最好课堂。

三、人民军队逐步开展正规化现代化建设

新中国成立后，中央军委立即着手抓中国人民解放军的正规化现代化建设。1951 年 1 月，中央军委向全军发出“为建设正规化现代化的国防军而奋斗”的号召。1952 年 7 月，毛泽东在给军事学院的训词中进一步明确指出：我们现在已经进到建军的高级阶段，也就是进到掌握现代技术的阶段，要掌握现代化技术装备，就要求部队建设的正规化，要求实行统一的指挥、统一的制度、统一的编制、统一的纪律、统一的训练，要求实现诸兵种密切的协同动作；要从教育训练上来培养组织性、计划性、准确性和纪律性。人民解放军遵照这些指示开始了正规化现代化建设。

军队正规化现代化建设的主要工作：一是进行精简整编，在压缩战争年代逐步发展起来的军队总规模的同时，提高军队的整体素质；二是改善武器装备，建立新的军兵种；三是改建和新建军事院校，大力培养适应现代战争需要的各级军事人才；四是制定和颁发条令条例，规范军队日常生活和训练秩序；五是开展文化教育和技术训练，逐步提高全军指战员的文化和军事素质。上述建设工作都与学校的国防教育有直接或间接的联系。比如，建立新军兵种和新建军事院校，需要动员一大批知识青年参军入伍和报考军队院校，以改善部队官兵的文化素质。因此，学校国防教育对于人民军队的正规化现代化建设具有重要的作用。

四、新中国教育方针、政策逐步明确

1949 年 9 月 29 日，中国人民政治协商会议第一届全体会议通过了

《中国人民政治协商会议共同纲领》，它对刚刚诞生的共和国的各项工作，起着规范和指导的作用。《共同纲领》第五章“文化教育政策”，对新中国教育的性质、任务做了明确的规定：“中华人民共和国的文化教育为新民主主义的，即民族的、科学的、大众的文化教育。人民政府的文化教育工作，应以培养国家建设人才，肃清封建的、买办的、法西斯主义的思想，发展为人民服务的思想为主要任务。”为了提高全国人民的文化水平和道德水平，《共同纲领》规定：“提倡爱祖国、爱人民、爱劳动、爱科学、爱护公共财物为中华人民共和国全体国民的公德。”①

1949 年 12 月 23 日至 31 日，第一次全国教育工作会议在北京召开，教育部部长马叙伦在开幕词中，阐述了《共同纲领》中制定的这一新民主主义教育总方针：“这种新教育就是新民主主义的，即民族的、科学的、大众的教育。我们中央和各级人民政府的教育工作，就是要推行这种教育，而以提高人民的文化水平，培养国家的建设人才，肃清封建的、买办的、法西斯主义的思想，发展为人民服务的思想为我们的主要任务。”②

根据《共同纲领》和第一次全国教育工作会议精神，1950 年 6 月 1 日至 9 日，教育部在北京召开了第一次全国高等教育会议，讨论了新中国高等教育的方针、任务等问题。会议强调今后整顿和加强高等教育的方针，最重要的一点是“我们的高等教育，必须密切地配合国家经济、政治、文化、国防建设的需要”。“中华人民共和国的文化教育为新民主主义的，即民族的、科学的、大众的文化教育。人民政府的文化教育工作，应以提高人民文化水平，培养国家建设人才，肃清封建的、买办的、法西斯主义的思想，发展为人民服务的思想为主要任务。”③ 此后，教育部还相继召开了全国工农教育会议、全国中等教育会议、全国中等技术教育会议、全国初等教育与师范教育会议、全国民族教育会议。这些专业教育会议，分别讨论、研究和确定了各级各类教育的方针、政策与任务，以及与教育教学有关的一系列问题。

---

① 朱世杰、廖文科：《学校国防教育史》，军事谊文出版社 2003 年第 1 版，第 6 页。

② 何东昌主编：《中华人民共和国重要教育文献》，海南出版社 1998 年第 1 版，第 6 页。

③ 何东昌主编：《中华人民共和国重要教育文献》，海南出版社 1998 年第 1 版，第 26 页。

学校国防教育是提高青少年学生综合素质的重要教育形式，是共和国教育不可分割的一部分。新中国的教育方针、政策的逐步明确，为学校开展国防教育指明了前进的方向，奠定了基础。

第二节　爱国主义教育

1950 年 6 月，美帝国主义乘朝鲜半岛爆发军事冲突之机，公然出兵入侵，并派第七舰队开进台湾海峡，阻止中国人民解放军解放台湾。同时，还盗用联合国的名义，纠集 15 个仆从国家的军队，不断扩大战争规模，直至不顾中国政府的一再警告，悍然越过“三八线”，向中朝边境的鸭绿江、图们江进犯，并派飞机轰炸我国东北边境城镇，严重威胁中国安全。为了援助朝鲜人民反对美帝国主义等的进攻，保卫朝鲜人民、中国人民及东方各国人民的利益，中国人民志愿军于 10 月 19 日奉命开赴朝鲜，同朝鲜人民并肩战斗，共同抗击侵略者。我国人民志愿军在极其艰苦的环境下，依靠劣势武器装备，经过近三年多艰苦卓绝的斗争，把以美国为首的“联合国军”从鸭绿江边打回到“三八线”，并迫使美国在停战协定上签字，取得抗美援朝战争的伟大胜利。

抗美援朝战争，是中国人民在建国之初面对严峻的国际国内形势而被迫进行的一场战争。战争期间，我国政府进行了首次全国性的国防教育。各级各类学校根据形势发展和战争需要，积极开展丰富多彩的国防教育活动，既轰轰烈烈，又扎扎实实，取得了很好的教育效果，并为全民国防教育积累了许多有益的经验。

一、把抗美援朝教育作为学校的一项中心任务

党中央做出“抗美援朝”战略决策后，教育行政部门和各级各类学校立即行动起来，把抗美援朝教育作为学校教育工作的一项中心任务，抓紧落实。

1951 年 5 月 18 日，中央人民政府政务院批准的教育部《1951 年全国教育工作的方针和任务》中规定，全国教育工作方针首要的是："大力开展抗美援朝的爱国主义教育，彻底肃清帝国主义，首先是美帝国主义在中国的文化侵略影响。"在全国教育工作的任务中提出"开展抗美援朝爱国主义教育：一是，各级各类学校通过各科教学，并配合各种课外活动，普遍进行抗美援朝爱国主义教育。同时，通过各级各类学校的学员对全国广大群众进行宣传，协同各方完成使每一处每一人都能受到这种教育的任务。二是，在上述思想教育的基础上，完成在全国范围内号召一批青年学生自觉地参加国防建设的任务。"①

二、积极宣传抗美援朝运动

响应党中央和毛泽东主席发出的"抗美援朝、保家卫国"的伟大号召，各级各类学校掀起了轰轰烈烈的抗美援朝运动。在党中央、青年团、学联和各级学校领导的组织下，广大青少年学生满怀激情地投入到这场运动中，采取各种形式宣传抗美援朝。

全国各地大、中学校广大青少年学生，以多种形式热情宣传抗美援朝，先是在校内宣传，继之到校外街头、公园、广场宣传，而后又深入到工厂和郊区农村宣传。例如，首都地区的各大中学校首先行动起来，北京大学各系学生到中学和工厂组织联合歌舞剧大会与座谈会。北京师范大学学生深入到工厂、机关和团体，采取座谈会、小型晚会等形式进行宣传。清华大学学生在周围农村进行抗美援朝宣传，有的开群众大会，有的进行家访，有的利用集市向群众进行宣传。有的中学学生在校内成立了宣传组，为了使全校同学及时了解前线战况和校内外动态，白天搜集材料，晚上加班撰写、油印快报，一干就干到凌晨两三点钟。大家心系祖国，时刻关注国家安危。后来同学们纷纷走出学校，一连数日到德胜门、安定门外的城乡结合部的居民区，演出自己编写的活报剧、相声等节目，揭露美帝

① 何东昌主编：《中华人民共和国重要教育文献》，海南出版社 1998 年版，第 92 页。

国主义侵朝罪行，歌颂中国人民志愿军与朝鲜人民军和朝鲜人民英雄抗击美帝的革命英雄主义精神。

美帝国主义疯狂扩大侵略战争，在北京各中学引起了极大愤慨。北京市一中、四中、七中、八中、女一中、女三中、师大附中、师大女附中、河北高中、汇文中学、育英中学等学校，掀起了反对美帝国主义侵略的爱国热潮。各学校的墙上、树上以及特意竖立起来的板牌上，都贴满了各色各样反对美帝侵略内容的壁报、标语、大字报和大型画报等。各校师生以各种方式进行时事讨论，有的学校还举行了控诉美帝暴行大会。上海交通大学、复旦大学和上海女中等学校广大师生纷纷表示：愿为保卫祖国、保卫世界和平献出一切。

据有关资料统计，到 1951 年 5 月，全国有 100 多万学生参加了这场轰轰烈烈的抗美援朝宣传运动。通过抗美援朝宣传活动，全国广大青少年学生接受了一次生动实际的爱国主义教育。①

三、举行爱国集会和示威游行

中国人民保卫世界和平反对美国侵略委员会在 1951 年 3 月 14 日发出通告，号召“在 5 月 1 日，全国城乡人民尽可能普遍举行大示威，以抗美援朝、反对武装日本、保卫世界和平为示威的主要内容，推动全国人民抗美援朝运动更进一步”②。4 月 3 日，北京市抗美援朝总会公布了“普及深入抗美援朝运动，迎接‘五一’大示威的计划”。各地青年学生积极响应号召，纷纷举行反对美帝侵略罪行的爱国集会和示威游行，掀起了空前高涨的爱国运动。从 1950 年 10 月底到 1951 年 3 月上旬为止，据各地报章刊载的不完全材料统计，已有 317 个以上的大、中、小城市和集镇的各界人民 1100 万人以上，举行了抗美援朝反对美国武装日本的爱国集会和示威游行③。爱国集会和示威游行，大大激发了广大群众和青年学生的爱国热情。

① 朱世杰、廖文科：《学校国防教育史》，军事谊文出版社 2003 年第 1 版，第 16 页。
② 朱世杰、廖文科：《学校国防教育史》，军事谊文出版社 2003 年第 1 版，第 16 页。
③ 朱世杰、廖文科：《学校国防教育史》，军事谊文出版社 2003 年第 1 版，第 17 页。

四、开展抗美援朝时事宣传

为动员全国人民参加抗美援朝运动，党中央于1950年10月26日，发出了《关于在全国进行时事宣传的指示》。接着又相继发出了《关于宣传抗美援朝运动的几项指示》《关于继续开展抗美援朝宣传的指示》，要求“在各阶层人民，特别是在工农群众中，应广泛进行时事教育，开展蔑视、鄙视、仇视美帝国主义与提高自信心自尊心的运动”。[①] 当时，中国人民抗美援朝总会和各地的分会，采取各种形式，有计划地在城市、农村、工矿、学校、机关和部队，组织开展时事学习和形势教育，筹集战争物资，开展慰问活动，给予志愿军官兵以强有力的精神鼓舞和物质支援。

广大青年学生在教育行政部门和各级学校的组织下，积极参加抗美援朝宣传运动。1951年4月18日，教育部发出《关于规定华北地区各高等学校成立时事学习委员会的通令》。当时，不仅华北地区各高等学校成立时事学习委员会，而且全国许多学校也成立了时事学习委员会，并制定了时事学习计划。如山东大学制定了“四月份深入抗美援朝爱国主义思想教育运动学习计划”，计划分为四部分。一是学习的目的和要求：提高热爱祖国的思想觉悟，增强对美帝国主义的仇恨心，在思想觉悟提高的基础之上，做到自觉地订立切合实际的爱国公约及参加“五一”大示威游行。二是学习内容与步骤：上半月学习关于反对美帝武装日本的文件，下半月学习（世界和平理事会）决议，订立爱国公约和准备“五一”大游行。三是学习方法：大报告——华岗校长做学习报告；座谈、讨论与控诉相结合。四是学习材料：由时事学习委员会编辑，校刊编辑室出版。[②] 东北各地不仅组织学生学习时事和形势，而且一些市、县还组织了由学生干部、党团员骨干组成的宣传队、讲演团，分赴工厂、农村进行时事宣传。广大青年学生通过抗美援朝时事宣传活动，认清了美帝国主义的侵略本质和抗美援

① 朱世杰、廖文科：《学校国防教育史》，军事谊文出版社2003年第1版，第8页。

② 朱世杰、廖文科：《学校国防教育史》，军事谊文出版社2003年第1版，第17、18页。

朝的伟大意义，纷纷表示要以实际行动援助朝鲜人民，保卫祖国。

五、订立爱国公约

在抗美援朝运动中，许多地方发起和推广了爱国公约运动。1951 年 3 月 31 日，《人民日报》发表了《普及爱国公约运动》的社论，指出：目前订立爱国公约的运动，正向全国各大城市和一部分中小城市以及某些乡村中展开。机关、团体、学校、商店也各自订出不同的爱国公约。中国人民抗美援朝总会在总结这一群众运动经验后，于 1951 年 6 月发出普遍开展爱国公约运动的号召，使这种自发性的群众活动，逐渐发展成为有组织、有计划的群众运动。随着抗美援朝爱国主义教育的普遍和深入，订立爱国公约的范围也逐步扩大。为使运动进一步普及和深入，中国人民抗美援朝总会又于 1951 年 7 月发出文告，号召全国各地普遍检查爱国公约的执行情况。各地区、各单位，包括各学校所订爱国公约，一般包括两类内容：一部分内容是共同性的，主要是表示对毛泽东主席、中国共产党、人民政府、中国人民解放军的爱戴和拥护，表示对于中国人民志愿军抗美援朝行动，以及人民政府镇压反革命活动的赞同和支持，表示对于美帝国主义侵略台湾，重新武装日本的仇恨和反对等。另一部分内容是与各地区、各单位、各学校的具体情况相结合的，主要是表示如何以实际行动支援抗美援朝。广大青年学生通过订立爱国公约，把高度的爱国热情与自身学习联系起来，将爱国热情化为实际行动，如许多学生在所订的爱国公约中表示："学好本领，锻炼身体，随时响应祖国号召。"①

六、倡导与崇尚"最可爱的人"

1951 年 4 月 11 日，《人民日报》在第一版头条位置发表了军旅作家魏巍的报告文学《谁是最可爱的人》，毛泽东同志阅后批示："印发全军！"

---

① 倪忠文：《中华人民共和国建国史手册》，新华出版社 1989 年第 1 版，第 114 页。

1953 年 9 月 23 日，周恩来总理在全国第二次文代会上做报告时，称赞《谁是最可爱的人》“感动了千百万读者，鼓舞了前方战士”，他还特意指名把魏巍介绍给全体与会代表，并当场再次赞扬魏巍：“我感谢你为我们子弟兵取了个‘最可爱的人’这样一个称号。”从此，“最可爱的人”不仅是对参加抗美援朝的志愿军的美称，而且，也是对整个社会主义建设时期人民子弟兵的泛称，“最可爱的人”成为全社会一个最响亮的口号，成为青少年学生一个最崇尚的时代楷模。学“最可爱的人”，做“最可爱的人”，在全社会，特别是在青少年学生中，蔚然成风，也成为当时学校国防教育的一项重要内容。作家魏巍也从此文名四扬，全国各地，特别是北京的大专院校和各中小学，纷纷请魏巍做报告、演讲，当时，首都的中山公园还召开了以学生为主的 5000 余人的群众大会，请魏巍讲在朝鲜战场上发生的“最可爱的人”的故事。后来则进一步延伸到每年的节假日，特别是每逢“八一”建军节、国庆节和春节前后，许多学校均要例行举办“最可爱的人”报告会或演讲会，请志愿军战士或解放军英模人物做报告，或由先进学生代表讲述自己学习“最可爱的人”的心得体会。

七、积极参加爱国募捐运动

中国人民志愿军赴朝参战的英勇行为，得到中国人民的热烈支持，各地的广大工人、农民、学生，以努力生产，加紧学习，捐献物资的实际行动，支持朝鲜人民和中国人民志愿军。

1951 年 1 月 14 日，中国人民抗美援朝总会发出《关于慰劳中国人民志愿军和朝鲜人民军并救济朝鲜难民的通知》。1 月 15 日《人民日报》发表社论，号召全国人民踊跃参加爱国募捐运动。6 月 1 日，抗美援朝总会发出通告，号召全国各界同胞捐献飞机、大炮。全国各地学校广大师生踊跃捐款购买飞机、大炮支援前线，捐献飞机命名的有“东北教育工作者号”“北京师大号”“上海教工号”“天津学生号”“皖北学生号”等。广大青年学生还将节约的生活费和节省下来的零用钱，买了牙膏、毛巾、肥皂等用品，装入自制的慰问袋中，寄给朝鲜前线的志愿军战士。各大中学校学生，给中国人民志愿军写了上千万封慰问信，这些热情洋溢的慰问信，像雪片一样飞往朝鲜战场，亲切地慰问“最可爱的人”。

通过参加爱国募捐运动和慰问志愿军活动，广大青年学生亲身感受到全国人民高度的爱国主义和国际主义热情，受到了一次深刻的国防教育，也化作了实际的爱国行动。

第三节　参军和报考军队院校

早在革命战争年代，毛泽东同志就深刻认识到文化知识对现代军队的重要意义，他指出：“没有文化的军队是愚蠢的军队，而愚蠢的军队是不能战胜敌人的。”[①] 然而在战争时代，由于受国情和条件所限，人民军队主要成分来源于农民，他们在入伍前绝大多数都是文盲。入伍后虽然军队采取各种措施加强文化学习，但仍难以改变我军文化水平较低的现状。据统计，新中国建立初期，我军干部战士中文盲和初小文化程度的占到了80%以上。[②] 因此，适应战争形势和人民军队正规化现代化建设发展的需要，动员一大批青年学生参军和投身于国防建设事业中去，就成了学校国防教育中的一项重要任务。

一、动员青年学生参加志愿军

抗美援朝战争中，我军的对手是拥有现代化武器装备的美国军队，同时，我们也从苏联进口了一大批先进的武器装备，这就对志愿军干部战士的文化素质提出了很高的要求。为此，在抗美援朝运动中，广大青年学生响应党的号召，不仅热情拥军支前，而且踊跃报名参军，志愿赴朝参战。尤其是地处国防前线的东北各地，许多青年学生报名参加志愿军。

---

① 《毛泽东选集》第三卷，人民出版社1991年6月第2版，第1011页。

② 《当代中国军队的军事工作》（上），中国社会科学出版社1989年版，第39页。

1950 年 11 月，经当时东北行政委员会教育部长车向忱决定，从辽东省（现为辽宁省）一些中学动员部分优秀学生参军。东北实验中学（沈阳）、辽阳中学、铁岭中学、法库中学、本溪中学、海城中学、营口中学、盖县中学、瓦房店中学等 10 余所学校的 110 名学生响应号召，参加了东北军区组建的防毒训练队。这是当时全国最早参军的一批青年学生，经过短期训练后，调入了刚组建的坦克三师，组成中国人民解放军第一个防化连，在朝鲜战场的反细菌战和对敌作战中，表现出了中国青年学生高度的爱国热忱和勇敢精神，为抗击美帝的野蛮侵略行径，做出了重要贡献①。据统计，在抗美援朝运动中，全国青年学生报名参军的达到 30 万人之多。广大青年学生的参军入伍，对于赢得这场战争的最后胜利做出了自己的贡献。

二、动员青年学生报考军事干部学校

为尽快提高我军干部战士文化素质，加速国防现代化建设，1950 年 12 月 1 日，中央人民政府人民革命军事委员会和政务院发布了《关于招收青年学生青年工人参加各种军事干部学校的联合决定》。决定发布后，全国各地广大青年学生热烈响应祖国召唤，踊跃报名参加军事干部学校。据 1950 年 12 月 4 日《人民日报》报道，北京市大、中学校学生纷纷要求参加军事干部学校。清华大学在两天内就有 700 多人报名，中国人民大学第一批报名学生达 1200 多人②。

1951 年 6 月 24 日，政务院再一次做出《关于各种军事干部学校招收学生的决定》，决定在大学、专门学院、专科学校、中学、中等技术学校、初级师范学校，招收具有初中以上文化程度的学生到军事干部学校。6 月 26 日，团中央、全国学生联合会发表了《告全国学生及青年团员书》，号召全国青年学生、青年团员，热烈响应祖国的庄严号召，踊跃参加军事干

---

① 朱世杰、廖文科：《学校国防教育史》，军事谊文出版社 2003 年第 1 版，第 19 页。

② 朱世杰、廖文科：《学校国防教育史》，军事谊文出版社 2003 年第 1 版，第 19 页。

部学校，投身国防建设。广大青年学生和知识青年通过教育，认识到响应祖国号召，参加国防建设，保卫祖国，是青年最光荣的任务，在自愿的基础上，踊跃报名参加各种军事干部学校。在此后相当长一段时间内，号召和鼓励学生积极参加各种军事干部学校，为加强我国的国防建设做出贡献，成为学校国防教育的一项重要内容。

第四节　经常性国防教育

新中国成立后，为巩固新生的人民政权，建设强大的国防，党和人民政府十分重视在青少年学生中开展以爱国主义为中心内容的经常性国防教育。学校国防教育逐步融入学校各项教育教学活动，深入广大师生的学习生活之中，成为学校工作的一项重要内容。

一、开展学英模活动

1950年9月25日至30日，全国战斗英雄代表会议在北京隆重召开。这次会议是同全国劳动模范代表会议同时召开的。出席这次会议的全国战斗英雄正式代表350名。陈云副总理致开幕词。毛泽东代表中共中央向两个会议致祝词，指出："中国必须建立强大的国防军，必须建立强大的经济力量，这是两件大事。这两件大事都有赖于同志们和全体人民解放军的指挥员、战斗员一道，和全国工人、农民及其他人民一道，团结一致，协同努力，方能达到目的。"毛泽东还为全国战斗英雄代表大会题词："战斗英雄们，你们是人民解放军的模范人物，希望你们继续努力，更加进步，为建设强大的国防军而奋斗"①。朱德在会上讲了话，并题词："发扬革命的英雄主义"。会议总结了解放战争开始以来开展立功运动的主要经验，

① 军事科学院编：《中国人民解放军大事记》（1927～1982），军事科学出版社1984年3月版，第318页。

表扬了33个突出的英雄模范人物，宣传了战斗英雄的模范事迹。

全国战斗英雄代表大会后，各级各类学校立即行动起来，开展学英模活动。许多学校把战斗英雄请进校园，给广大师生做报告，讲战斗故事。此后，学英模活动与抗美援朝运动结合起来，促进了学校经常性国防教育的深入开展，并成为学校国防教育的一个重要形式，影响至今。

二、学习毛泽东“提高警惕，保卫祖国”题词

1953年8月10日至25日，中国人民解放军公安部队首届功臣模范代表会议在北京召开。毛泽东主席为大会题词：“提高警惕，保卫祖国”，朱德副主席为大会题词：“更好地完成巩固边防、内防的光荣任务”。这不仅是对中国人民解放军公安部队的勉励和期望，也是对全军、全国人民的勉励和期望。毛泽东“提高警惕，保卫祖国”这一题词，在8月21日的《人民日报》上公开发表后，立刻传遍全国，教育全国军民在和平时期决不能放松警惕，要时刻为保卫祖国的安全贡献力量，极大地激发了全国人民建设和保卫祖国的热忱，也指明了学校国防教育发展的根本方向，对学校国防教育的发展产生了长期而重要的影响。

三、军事体育活动蓬勃发展

体育与军事联系紧密，不仅参军入伍需要强健体魄，在体育锻炼中也可以学习军事知识和技能。因此，结合体育活动开展国防教育是学校经常性国防教育的重要形式。

1951年4月，新民主主义青年团中央专门建立了军事体育部。新民主主义青年团第二次代表大会通过的团章，要求全体团员“学习军事，锻炼体格，准备保卫我们伟大的祖国”。各级团组织在推动学校国防教育工作中，发挥了重要作用。50年代初期，中央和各省、市相继成立了国防体育协会，与各级团组织、教育部门配合，对学校国防教育的开展，发挥了指导和推动作用。

第五节 小结

建国初期学校国防教育的最大特点是紧密结合国际国内形势，以反对美帝国主义侵略和威胁的抗美援朝为中心，进行以爱国主义为主要内容的教育，这是新中国历史上一次规模最大、持续时间最长、最生动实际的国防教育，具有很强的教育性和感染力，揭开了中国学校国防教育的新篇章。同时，这一时期的学校国防教育，具有开创性和奠基性，它所采取的形式、方法，对以后的国防教育起到了奠基作用，产生了深远影响。但也应看到，这一时期学校国防教育的组织领导体制尚未健全，教育内容还缺乏系统性，随机性较大。尽管如此，这一时期学校国防教育是健康发展的，取得了很好效果，积累了一定的经验。

一、党和各级政府的高度重视是搞好学校国防教育的根本前提

新中国建立初期，我国政府成功地组织和实施了国防教育，取得了明显成效，有力地支持和加强了国防建设，有效地捍卫了国家主权和领土完整。这个时期国防教育之所以搞得比较成功，其主要原因就在于党和各级政府高度重视国防教育，把国防教育作为一项经常性工作，作为一项重要的议事日程真抓实干。毛泽东号召全党同志、全军官兵和全国人民都要保持高度警惕，决不可松懈自己的斗志。在毛泽东为首的党中央的领导下，这个时期党和各级政府的领导同志，十分重视国防建设和国防教育，都亲自关心和过问国防教育。建国初期，针对威胁我国安全和世界和平的形势，以毛泽东为首的党中央做出出兵朝鲜的战略决策，并针对人民群众中存在的许多模糊认识，多次强调抗美援朝、保家卫国的正义性和正确性。周恩来总理也多次在公开场合，或发表对外声明，或在党的会议和最高国务会议上发表重要讲话，指出我国政府做出抗美援朝、保家卫国的决定，是正义的、必要的。所以，在抗美援朝时期，

新中国虽然是首次开展全国性的国防教育，却获得了相当成功。通过教育，各大中学校的青年学生，以高昂的斗志、极大的热情拥护和支援抗美援朝战争。

二、围绕国家安全形势和国防斗争的需要，加强教育的针对性，是搞好学校国防教育的关键

国防教育作为一个国家或民族为了提高国民素质、增强人民的忧患意识和民族精神与国防技能的基本教育，是一项经常性教育活动。新中国建立之初的50年代，学校国防教育之所以搞得富有成效，一个重要原因就是紧紧围绕这一时期我国的安全形势和国防斗争的需要开展教育活动，主题明确，中心突出，富有针对性及战斗性。朝鲜战争爆发后，对我国的安全和新生人民政权的巩固构成极大威胁。如果不能挫败美帝国主义的阴谋，不仅朝鲜的稳定没有保障，我国的经济建设不能顺利展开，就连最起码的安全都难以获得。所以抗美援朝战争期间的国防教育，紧紧围绕“抗美援朝、保家卫国”这一主题展开，极大地调动了全体青年学生支援正义战争，乃至投身战争实践中去的积极性。

抗美援朝战争结束后，虽然我国的安全形势相对比较稳定，国防力量也有很大的增强，然而，以美国为首的帝国主义不甘心失败，继续实行敌视我国的政策。为了进一步增强我国的国防力量，保卫国家安全，毛泽东及时发出了“提高警惕，保卫祖国”的号召。从而为学校国防教育指明了发展方向，对学校国防教育的发展产生了长期而重要的影响。

三、把国防教育融入学校的教育教学，是学校经常性国防教育的基本方法

国防教育，贵在经常，重在融入。新中国成立后，各级教育行政部门和学校领导充分认识到国防教育的重要意义，摸索学校国防教育的特点规律，努力把经常性国防教育融入学校的教育教学活动，提高教育效益。在

各门学科课堂教学和各种课外活动中融入国防教育元素，使青少年学生懂得保卫祖国是每个公民应尽的义务，树立国防观念，自觉养成诚实、勇敢、团结、互助、遵守纪律等优良品德。

例如，在政治课和形势教育中，对学生进行革命的政治和思想教育，反对封建的、买办的、法西斯主义思想，引导学生树立为人民服务的思想和革命的人生观。在讲授有关军事题材的语文课时，引导学生向革命先辈和英雄模范学习，从中吸取营养，树立爱国主义和革命英雄主义精神。在讲授历史和地理课时，使学生了解祖国的过去，从历史的经验教训中增强国防观念、民族自尊心和历史责任感。生物、化学和物理课教学中，结合介绍相关知识在军事上的应用以及化学武器、细菌武器常识等。体育课结合进行军体训练，使学生增强体魄，掌握军事技能。此外，各级各类学校还注意把国防教育与参观革命战争遗址、部队、工厂和参加群众斗争、生产劳动等社会实践结合起来，对学生进行党的路线、方针、政策教育和革命传统教育、英雄模范事迹教育。中小学还经常请战斗英雄到校做报告，采取聘请当地驻军官兵担任少先队辅导员等多种形式，对学生进行国防教育。

四、形式多样、生动活泼、寓教于乐，是搞好学校国防教育的有效途径

形式为内容服务，而有效的形式可以增强教育的效果。学校国防教育的对象是青年学生，他们年轻活泼，又掌握一定的文化知识，这就要求学校国防教育必须适应广大青年学生的特点，在形式方法上力求多样性、灵活性、生动性。企图通过一两次教育，或采用一两种教育方式，就能提高青年学生的国防意识、战备观念是不现实的。

建国初期，各级各类学校在组织开展国防教育时，坚持把国防教育与学校的教育教学活动相结合，集中学习教育与参观见学相结合，全面教育与重点教育相结合，力求做到形式多样、生动活泼、寓教于乐。对于重大的教育活动，各级教育行政部门和各类学校领导先行学习，统一思想认

识，然后再去传达教育。有时经过基本培训，再进行普及教育。在普及教育时，主要通过报纸、广播等宣传工具，对广大青年学生进行宣传教育，这是50年代教育中经常采取的方法，也是很有效的国防教育形式。那个年代，大众媒体没有现在这么发达，报纸、广播是较为普及的一种媒体。所以，党和国家领导人的重要思想，党和国家的重大方针政策，一般都是通过报纸、电台发布，对人民群众和青年学生进行以增强爱国主义、革命英雄主义为主要内容的国防教育，从而使那个时代的国防教育范围广、效果好。人民群众关心、热爱人民子弟兵，青年学生关心和参与国防建设的热情，始终保持相当高的程度。

新中国建立初期，整个社会富于活力，风清气正，工农业生产和国民教育同步发展。此时的学校国防教育虽然处于初创阶段，还有一些不完善之处，但是从总体上说，是朝着健康方向发展的，取得了明显的成绩，积累了宝贵的经验。

第三章
社会主义建设探索时期的学校国防教育与学生军事训练工作（1955～1976）

1955年至1976年的20多年间，是我国社会主义建设道路的探索时期，也是新中国历史上的一个重要发展时期。这期间，学校国防教育和学生军训工作在党中央、中央军委和各级政府及教育行政部门的领导下，开启并不断探索新途径、新方法，逐步走上正轨。但是，由于在工作指导上受到“左”的思想影响，学校国防教育和学生军训工作也不可避免地走了一些弯路。

第一节　面临的形势和任务

20世纪50年代中期至70年代中期，国际上风云变幻，中苏关系破裂，东南沿海军事斗争形势趋紧，西南边界冲突不断，使得这个时期我国面临的安全威胁空前严峻，要求我们必须加强全民国防教育，尤其是对青年学生的国防教育。

一、《宪法》和《兵役法》的颁布实施

1954年9月2日，第一届全国人民代表大会通过了《中华人民共和国宪法》。《宪法》明文规定：“保卫祖国是中华人民共和国每一个公民的神

圣职责。依照法律服兵役是中华人民共和国公民的光荣义务。”

1955年1月4日，根据毛泽东主席的指示和宪法规定精神，《人民日报》发表了《向人民群众经常进行国防教育》的社论，对国防教育的目的、意义、要求和方法，进行了全面、深刻的论述。社论指出“我们必须对广大人民群众加强国防教育，使全国人民了解没有坚强的国防力量就没有和平建设”，“教育广大人民群众处处热爱解放军和支持国防建设”，“国防教育工作做好了，就会使我们现代化的武装力量得到充分的人力的、物质的和精神的后备力量”。号召大、中学校组织广大学生逐步推行准备劳动和卫国体育制度，“在假期试办军事训练和探险旅行，在有条件的地方开展国防体育活动，使我国人民特别是我国青年不只是具有高度的爱国主义和革命英雄主义的气魄，而且具有健康强壮的体魄和初步的军事知识，成为优秀的全面发展的公民”①。

1955年2月，全国人民代表大会常务委员会第五次会议讨论和修正了《中华人民共和国兵役法》草案，由国务院将修正草案发给各级人民委员会讨论和征求人民群众意见。1955年7月30日，第一届全国人民代表大会第二次会议审议通过了《中华人民共和国兵役法》，并颁布实施。《兵役法》明确规定：“高级中学和相当于高级中学的学校的学生，应当在学校内受征集前的军事训练。”“高等学校的学生，应当在学校内受军事训练，并且准备取得预备役尉官军衔和准备担任尉官职务。”

宪法是国家的根本大法，是一个国家治国安邦的总章程，它具有最高的法律效力，为学校开展国防教育提供了最高法律依据。《兵役法》根据《宪法》规定，由国家最高权力机关颁布施行，它是我国国防建设的基本法，第一次从法律上对学生军事训练做出了规定。学生军训是学生履行兵役义务，接受国防教育的基本形式。宪法和兵役法的有关规定，体现了国家对学校国防教育地位的确认和法律保障，对加强学校国防教育和展开学生军训工作具有重大意义。

---

① 朱世杰、廖文科：《学校国防教育史》，军事谊文出版社2003年第1版，第10页。

二、社会主义教育方针的确立

1957年2月27日，毛泽东在最高国务会议第十一次（扩大）会议上做的《关于正确处理人民内部矛盾的问题》的报告中，明确提出：“我们的教育方针，应该使受教育者在德育、智育、体育几方面都得到发展，成为有社会主义觉悟的有文化的劳动者。”①

1958年9月19日，中共中央、国务院根据毛泽东提出的教育方针和全国教育工作会议的精神，发出《关于教育工作的指示》。该指示明确宣布：“党的教育工作方针，是教育为无产阶级的政治服务，教育与生产劳动相结合。”后来毛泽东在一次谈话中，把党的教育工作方针表述为：“教育必须为无产阶级政治服务，必须同生产劳动相结合。”② 这既是中国共产党的教育工作方针，也是我们国家的教育工作方针，对于我国社会主义教育事业的发展发挥了长久的指导作用。

社会主义时期的教育方针和教育工作方针的提出，从根本上明确了社会主义时期教育的性质和任务，进一步规范了学校教育的培养目标和教育工作的方向。社会主义时期教育方针的确立，确定了国防教育在学校教育中的地位和作用。

国防教育是国家为了捍卫主权、领土完整和安全，防御外来侵略，维护世界和平，对全体公民在品德、智力、体力等方面，有组织、有计划地进行教育的活动；是以强化人们的国防观念，增进人们的国防知识，锻炼人们保卫祖国的体魄，提高人们保卫祖国的技能的全面教育。学校国防教育对提高学生的思想觉悟和国防观念，培养组织性、纪律性，增长学生国防知识和军事技能，锻炼体魄都起到了积极的作用，对学生德、智、体的全面发展，整体素质的提高，有着极其重要而其他学科又不可替代的作用，这就确定了国防教育在学校教育中的地位和作用。

---

① 《毛泽东选集》第五卷，人民出版社1977年版，第385页。

② 《毛主席论教育革命》，人民出版社1967年版，第3页。

三、全面战备形势

朝鲜半岛停战后，美国继续奉行敌视和围堵社会主义中国的政策，进一步加紧对我国的包围和封锁，并企图以武力支持台湾地区蒋介石集团反攻大陆。在此背景下，我国东南沿海和西部边境地区安全环境骤然紧张起来。

国民党撤离大陆时，把几十万人的军队部署在东南沿海岛屿，以作为进犯大陆的前哨据点。这些国民党军与潜留下来的武装特务、土匪相勾结，不断窜犯东南沿海地区。为保障我海洋边防安全，1955 年，人民解放军举行了东南沿海渡海登陆作战，解放了浙江沿海的一江山、大陈、南麂山等岛屿，把国民党军队压缩到金门、马祖地区。

1958 年，国民党军在美国的支持下，叫嚣反攻大陆。同年 8 月，盘踞在大小金门岛的国民党军队继续炮击福建沿海村镇。为保卫大陆沿海地区人民的安全和生产，惩罚国民党军长期以来对大陆东南沿海地区的骚扰破坏活动，反对美国政府制造“两个中国”的阴谋，人民解放军奉命发起“炮击金门”之战。之后，解放军采取了打打停停和零星炮击的方针。此后，台湾国民党当局仍不断进行各种袭扰破坏活动，尤其是 1962 年春天，国民党军还策划大规模窜犯大陆东南沿海地区。对此，人民解放军采取了针锋相对的斗争，保障了国内的安全稳定。

1956 年，苏共二十大后，中苏两党意识形态分歧日益严重，进而影响到两国关系。1962 年 6 月，印度军队出动大量兵力，在中印边界东、西两段同时向中国发动大规模进攻。中国边防部队被迫进行自卫还击作战。经过两个多月的艰苦作战，中国军队不仅全部驱逐了入侵印军，还追击到中印边界传统习惯线附近，随后主动停火后撤，并把缴获的武器弹药和其他军用物资交还印方，释放了被俘的全部印度军事人员。

四、国防和军队正规化现代化建设在曲折中发展

抗美援朝战争结束后，人民解放军具备了集中时间进行军事训练和各

项军事建设的有利条件，加强军队和国防正规化现代化建设被提到重要日程。这一时期军队建设有三项工作对学校国防教育和学生军训工作具有促进作用：

第一，实行“三大制度”，即薪金制、义务兵役制和军衔制。人民解放军建军以来，长期实行志愿兵役制和供给制。在革命战争年代，军队是靠动员群众自愿参军补充扩大兵员的，参军之后，长期在军队服役。当时，全军上下都过着艰苦的生活，要靠自己筹粮筹款，甚至动手生产，才能维持最低的生活供给。新中国建立后，国民经济的迅速恢复和发展，为按照一定的计划征集兵员和实行军官薪金制提供了条件。1954 年 11 月，国防部颁发了《中国人民解放军薪金津贴办法》，于 1955 年 1 月开始实行。1955 年 7 月，第一届全国人民代表大会第二次会议正式通过《中华人民共和国兵役法》，于 1956 年正式实行。1955 年 2 月，第一届全国人民代表大会常务委员会第六次会议通过并公布了《中国人民解放军军官服役条例》。这一条例规定了人民解放军的军衔制度，这一制度于 1955 年 9 月开始实行。

第二，修改和贯彻共同条令。1953 年颁发试行的三大条令（内务条令、队伍条令、纪律条令）经过多次修改，于 1958 年正式颁发全军执行。

第三，全军开展“大比武”活动。1962 年，鉴于当时国际形势的发展，中央军委发出了“备战整军，增加全训师，大搞训练”的指示。全军按照这一指示要求，掀起了群众性的练兵热潮。南京军区某部副连长郭兴福在训练实践中，创造了把练思想、练作风和练战术、练技术有机结合起来的练兵方法，即“郭兴福教学法”。这一方法得到了当时的中央军委领导同志的高度赞扬和充分肯定，号召在全军推广。随后，深入广泛的群众性练兵运动在全军范围内兴起。1964 年春，为检阅几年来的训练效果，中央军委决定举行一次全军范围的“比武”活动。党和国家领导人毛泽东、刘少奇、周恩来、朱德、邓小平等亲自观看了部队的“比武”汇报，并做了充分肯定和赞扬。在“大比武”的推动下，全军军事训练有了大幅跃升。但是，由于受“左”的思想的影响，这一时期国防和军队的正规化现代化建设也出现了一些曲折。

第二节　学生军训工作试点

1955 年冬至 1957 年 6 月，在全国部分高等学校和高级中学开展的学生军训工作试点是依据《兵役法》有关规定，在青年学生中培养国防后备力量的一个尝试，也是学校开展国防教育的有效形式。到 1957 年 6 月，全国共有 14 所高等学校和 127 所高中阶段学校进行了学生军训试点，受训大学生 10309 人、中学生 70000 余人。后来由于受到当时训练保障条件和训练时间的制约，难以达到培养目标的要求，决定暂时停止学生军训工作试点。这次学生军训试点工作是一项开创性的工作，对于当前和今后学校的国防教育和学生军训工作仍有一定借鉴意义。

一、开展学生军训工作试点的法律依据

1955 年 7 月 30 日，第一届全国人民代表大会第二次会议审议通过了《中华人民共和国兵役法》，并颁布实施。这是新中国成立以来，我国颁布实施的第一部《兵役法》。

《兵役法》专设一章，即第八章“高级中学以上学校学生的军事训练”，共有三条：

第五十四条　高级中学和相当于高级中学的学校的学生，应当在校内受征集前的军事训练，训练的时间和科目由国务院规定。

第五十五条　高等学校的学生，应当在学校内受军事训练，并且准备取得预备役尉官军衔和准备担任尉官职务。高等学校军事训练的时间和科目，由国务院规定。

第五十六条　高级中学以上学校学生的军事训练，由学校编制内

的军事教员进行。[①]

第一次学生军训工作试点就是以此为依据组织实施的。1955年8月，中央军委依据兵役法的规定，就高等学校开展学生军训，为部队培养预备役军官问题进行了研究和筹备，并向党中央、毛泽东主席呈送了请示报告。报告中提出，高等院校的学生军事训练，除学习一般军事知识，进行军事生活锻炼外，应在普通学科的基础上，增加学习有关的军事专业知识。11月1日，毛泽东批准了在高等学校实施学生军事训练的报告。这个报告明确规定了高等学校实施学生军训的方针和任务。

1956年4月23日，教育部发出《对高级中等学校学生军事训练的目的、任务的指示》，明确指出："高级中等学校学生的军事训练是征集前的军事训练，其目的是为了加强青年学生的国防观念，增强青年学生的体质，使青年学生在被征集前具有初步的军事知识，并为高等学校学生的军事训练打下基础。"[②] 并指出高级中等学校学生的军事训练是作为一门正式课程，与其他课程一样按规定进行测试和考试，对军事训练的任务、训练教学方法、军事教员的管理与待遇等也提出了明确的要求。

1956年6月21日，教育部发出《关于1956～1957学年度和1957～1958学年度第一学期高级中学和相当于高级中学开展军事训练的通知》，明确指出："军事训练为全面发展教育的有机组成部分，为高中男生必修学科之一，并与其他学科一样进行测验和成绩登记。"[③] 并要求在试点的基础上，逐步把军训在全国范围内的高级中学开展起来。

---

① 教育部国防教育办公室编：《学校国防教育文献汇编》，军事谊文出版社2004年9月第1版，第25、26页。

② 教育部国防教育办公室编：《学校国防教育文献汇编》，军事谊文出版社2004年9月第1版，第34页。

③ 教育部国防教育办公室编：《学校国防教育文献汇编》，军事谊文出版社2004年9月第1版，第39页。

二、学生军训试点工作的开展

（一）普通高校学生军训工作试点

1956年7月28日，国务院常务会议决定，1956年至1959年在高等学校学生中，逐年开始训练1万、2万、4万、8万人，到1962年培养12万名预备役军官，并责成国防部和高等教育部据此精神研究安排，报告国务院审批。

从1955年底至1957年，全国两批共14所高等院校，进行了军训试点，共进行了21个军事专业的训练，受训学生达1万多人（参加试点的高校及专业见附件一）。北京体育学院（现北京体育大学）和北京钢铁学院（现北京科技大学）是最早开始军训试点的两所学校。他们的军训试点工作分别于1955年底开始。

北京体育学院，由总参谋部派遣的齐齐哈尔步兵学校副校长胡兆棋上校为首的21名军官，成立了军事教研组，组织全校学生进行有计划的军事训练。1955年，参加军训的学生，大学专科15个教学班，397人，授课54小时。课程内容包括军事体育、队列训练、条令等科目。中专8个教学班，191人，授课150小时。课程内容包括军事体育、射击、队列训练、军队政治工作等科目。大学本科16个教学班，395人，军事课分3学期进行，第一学年79小时，第二学年第一学期66小时，第二学期68小时，共213小时。课程内容包括内务条令、队列训练、射击、战术、军事工程、防原子防化学等科目。1956年，参加军训的学生，除了本科二年级学生外，还增加了1956年秋季入学的本科15个教学班，432人，授课76小时。课程内容包括内务条令、队列训练、射击、战术、防原子防化学等科目。

北京钢铁学院，由总参谋部派遣的19名军官组成的军事教研组，组织全校学生军事训练。1955年，参加军训的学生，33个教学班，785人，授课136小时。课程内容包括条令、队列、战术、狙击、枪械学、高射炮兵武器、地面炮兵武器、军队政治工作等科目。1956年，参加军训的学生，

36个教学班，872人，授课64小时。课程内容包括军史及兵种知识、弹药学、枪械学、高射炮兵武器、地面炮兵武器、军队政治工作等科目。

两个学院除按教学大纲和高等教育部指示进行教学外，还积极地利用一切可利用的时机，向学生进行国防教育，如利用假日组织学生到军校参观，行军竞赛，“五一”游行前的队列动作训练等。

（二）高级中学学生军训工作试点

1955年冬季至1957年秋季，全国先后有26个省市的108所高级中学和19所师范学校，进行了学生军训试点，受训学生共7万余人，其中受训男生63367人，自愿参加军训的女生约7000余人。

北京市在全国最早开始高级中学学生军训工作试点。从1955年12月开始，先在北京市一中、二十六中、六十五中三所学校进行军训试点。为了扩大军训试点范围，1956年1月28日，教育部向北京、辽宁、江苏、山东、湖北、广东、四川、云南、甘肃、内蒙等10个省、自治区、直辖市教育厅（局）发出了《关于高级中等学校军事训练试点问题的通知》，决定1956年上半年在21所高级中学进行军训试点以吸取经验，为全国高级中等学校普遍开展军训做好准备。

1955～1956学年度第二学期，北京市又选择了两所中学（八中、三十七中）进行军训试点。这两所学校的学生军训自4月21日正式开始至7月1日结束，共进行了9周，每周1小时，共计训练9小时。高中一、二年级共18个教学班，850名学生参加了军训。训练科目有：诸兵种合同战斗的特点、类型、意义和作用；内务条令的军人一般职责、首长和部属、上级和下级、举止称呼、礼节；队列动作的立正、稍息、行进与停止、停止与行进间转法等。

军训试点的高级中学学生的军事训练时间，通常是3学年6个学期，共100小时。军事训练内容，主要是基础训练，包括队列训练、条令教育、射击训练、军队卫生常识、防原子防化学、工程训练、战术训练。

军训试点的高级中学在军训实施中，普遍根据学校教学实际情况，灵活安排军训时间与内容。例如，广东省广雅中学和第四中学，于1956年4

月开始进行军训试点。上半年从第10周至第17周，每周1小时，共8小时。其中，中国人民解放军各兵种组成及其战斗使命，2小时；队列训练，4小时；内务条令，2小时。下半年每周2小时，17周共34小时。其中，小口径步枪、军用步枪、自动枪、轻机枪的构造和性能，8小时；单兵战斗动作，12小时；单兵和班的队列动作，6小时；纪律条令，3小时；内务条令，3小时；测验总结，2小时。每周的课外自由活动1小时，用于复习。天津市于1956年秋季，在二中、十五中、十八中和天津师范学校等4所学校，进行了军训试点，受训学生2368人。各试点学校，从1956年9月9日至1957年1月12日，共进行18个训练周，每周训练1小时，一学期共训练18小时，完成了中国人民解放军的各军种兵种介绍、内务条令、纪律条令、队列条令和军队卫生的部分教育。

各军训试点学校除完成计划规定的训练科目外，还开展了一些军事性的课外活动。如组织军事和我军战史图片展览、野营活动、参观部队演练和高射炮操作表演，组织夜间紧急集合、防空演习、超越障碍，利用团日活动讲战斗故事、诗歌朗诵、介绍军事体裁小说等。通过这些活动，进一步激发了学生学习军事课的积极性。

三、学生军训试点工作的组织领导

决定开展学生军训试点工作后，中央军委和各级教育行政部门对此项工作高度重视，从军队和地方抽调专职人员，成立专门机构组织领导试点工作，并根据情况的发展变化，适时做出调整。

1957年1月25日，《高等学校学生军事训练暂行办法》（修正草案）规定："高等学校学生的军事训练，由国防部和高等教育部共同负责，有关军事训练的规章、制度等，由国防部和高等教育部共同制定，报国务院备案。"① 该文件同时对国防部和高等教育部各自的领导职责进行了区分。

---

① 教育部国防教育办公室编：《学校国防教育文献汇编》，军事谊文出版社2004年9月第1版，第51页。

国防部负责全国高等学校学生军事训练的业务领导，其具体工作职责是：

1. 全国高等学校学生的军事训练。位于各军区的高等学校学生的军事训练，由军区负责领导；

2. 高等教育部规定各高等学校学生军事训练的专业，制定军事训练大纲和武器、器材、教材一览表；

3. 供给军训处和军事教研组所需用的军事教材；

4. 组织高等学校学生到军队中接受野营训练或实习；

5. 组织实施军事教研组军官的集训；

6. 组织学生军事训练毕业考试委员会。

高等教育部负责全国高等学校学生军事训练的领导，其具体工作职责是：

1. 领导高等学校校（院）长和军事教研组主任组织实施高等学校学生的军事训练，并保证训练的质量；

2. 督导各高等学校根据军事训练大纲制定军事训练实施计划；

3. 负责高等学校学生军事训练的经费。属于中央各部主管的高等学校（院）经费由各部负责。

根据高等教育部、教育部上述规定，国防部训练总监部设立了军外训练部（下设6处、1室，编制60余人），高等教育部设立了军训处（编制22人），教育部设立了军训指导处（编制17人）。解放军各军兵种、省军区，也分别设立了军外训练机构，各省、自治区、直辖市在教育厅（局）内设立了专职军训指导员。

教育部在1956年6月发出的《关于1956～1957学年度和1957～1958学年度第一学期高级中学和相当于高级中学开展军事训练的通知》（以下简称《通知》）中规定："在实行军训的学校设军事教员，由校长领导，直接负责高中学生征集前的军训；并对授课的质量和学生的军训成绩负有全部责任。"① 各省、自治区、直辖市教育厅（局）根据教育部的《通知》

① 朱世杰、廖文科：《学校国防教育史》，军事谊文出版社2003年第1版，第34页。

精神，普遍挑选各方面条件较好的学校，如学校领导能力较强，学生质量和学校作风好，并有大操场的学校进行军事训练试点。教育厅（局）的军训指导员，对各试点学校的军训工作，经常进行检查和指导，与各校军训教员共同研究军事教学，并经常听学校军训教员讲课，发现问题及时加以解决。

各试点学校一般都是由校长或副校长分工主管学生军训工作，召开校务会议布置军训试点工作，亲自对学生进行军训的思想动员，对军训时间做出安排。有的学校是由教导主任具体负责军训工作。如江苏省军训试点学校，在接受试点任务后，校长亲自召集有关部门负责人会议布置军训工作，亲自向全校师生做军训动员。把高中的军事训练作为一门正式课程，统一安排，按教学计划进行，并与其他课程一样，按规定进行考试。军训开始后，各校均召开1～2次座谈会，收集反映问题。有的学校校长亲自到班里听军事教员讲课，到操场检查实施方法和训练动作等。

高等教育部、教育部的规定，促进了各级教育行政部门和军队有关部门管理学校军训机构的建立和专职干部的配备，特别是通过下发有关文件，召开有关会议，进一步从思想认识、业务工作和组织管理等方面，加强了对学校国防教育和学生军训工作的领导。

四、军训教员的选配与管理

为了保障学生军训试点工作的顺利开展，并保证军训质量，国防部从各军区、军兵种和军事院校抽调了一批现役军官作为派遣军官，进驻各军训试点学校，具体组织实施学生军训工作。

经国务院批准，国防部于1956年6月9日，根据《中国人民解放军军官服役条例》第五章有关的规定，对现役军官的派遣问题，做出了明确规定。现役派遣军官，是根据国防建设的需要，经过非军事部门的聘请，由国防部派往非军事部门担任军事性质工作的现役军官。

1956年2月，国防部抽调了257名军训教官，并在洛阳、长沙开办了两个派遣军官集训班，经过培训分配到1956年秋开始军训试点的学校，负责学生的军事训练。总政治部选调了22名政治军官派往军训试点高等学校工作。

1956年10月25日，高等教育部在《关于高等院（校）实施军训的几个问题的通知》中规定："在高等学校内设军事教研组，列入学校编制之内。军事教研组的军官，由国防部派遣。""由国防部派遣在军事教研组的军官，为中国人民解放军的现役军官。仍享有其现行军官所有的一切权利，军官的薪金由学校按照国防部规定的标准，列入校（院）预算并由校方领取和支付。军官的服装，仍由国防部供给。"①

参加军训试点的高等院校根据《通知》规定，相继成立军事教研组（室），其编制按学生人数和学校性质区别三种类型：3000～5000名学生的为甲型，编制20～25人；1000～3000名学生的为乙型，编制15人；1000名学生以下的为丙型，编制不超过10人。原则上100个学生编制一个军事教员。军事教研室设正副主任和政治协理员，甲型编制的主任配师职干部，其余为团职干部。如学校性质重要（重点学校），学生人数不足甲型者，经批准亦执行甲型编制。

高级中学和相当于高级中学的学校军训教官也由军队系统派出。1956年6月，教育部发出的《关于1956～1957学年度和1957～1958学年度第一学期高级中学和相当于高级中学开展军事训练的通知》中规定：军事教员的配备，"根据目前选调的教员的质量，军训的特点和要求，以及暂先作为干部的实习与培养等情况，在今年秋季开展的学校，每校暂设两名。从57年春季起则以10个班次以下的学校设一名，15个班次以上的学校设两名，11～14个班次的学校，在学校集中的地区可采用一名教员在两校兼课（即两个学校设三名教员等），若条件不允许时，可依据学校的具体情况，教员能力的强弱，配备二名或一名。各厅、局可参考这一原则，依照军训开展情况适当地调整、计划所需军事教员，直接与所在地一级军区联系调配"。② 各地区根据教育部的《通知》精神，均是从当地驻军选调军事

① 朱世杰、廖文科：《学校国防教育史》，军事谊文出版社2003年第1版，第35页。
② 朱世杰、廖文科：《学校国防教育史》，军事谊文出版社2003年第1版，第37页。

教员到学校兼课。如云南省 1956 年春季开始有两所军训试点学校，1956 年秋季又增加了 4 所学校，受训学生 2799 人。由军区选派 9 名军训教员于开学前一周分别到各学校。

各省、市教育行政部门为提高军事教员的教学水平，采取集训的办法对军事教员进行培训。如云南省教育厅为了提高军事教员水平与军事教学质量，按照教育部发的《军事训练指导员、军事教员军事学习计划》（草案），制定了一个学期的军事教员学习计划，由厅统一领导，每星期六上午用 3 小时集体学习。在一个学期课程结束以后，从 1 月 14~20 日，又集中各校军事教员进行了学习。广东省教育厅在军训试点学校开学前，组织军事教员集训 7 天，提高对学生军训工作的思想认识，研究军事课教学方法。为了提高军事教员的业务水平，教育厅还组织了教育学讲座，由教育厅领导亲自讲课。

高等院校设军事教研组（室），在高级中学编配军事教员，从组织上保证了高等院校和高级中学学生军训试点工作的开展和质量。

五、军训大纲和教材建设

按照《兵役法》的规定，高等学校学生军训的基本目标是培养预备役技术军官。1956 年，中国人民解放军训练总监部会同有关部门，拟定了与 14 所高等学校（包括 1955 年开始军训试点的两所）各种专业相近的 21 种军事专业训练培养目标的计划，为制定军事训练大纲做了准备。

1956 年 10 月，国防部制定并分别向军训试点高等学校颁发了《高等学校学生军事训练计划大纲》，明确规定了训练的任务、目的、科目和时间、训练方法以及考试制度等。

第一，军事训练时间。1955 年 8 月，中央军委给毛泽东主席和党中央的请示报告中提出：5 年制学校的军事训练为 400 小时，4 年制学校为 300 小时，并用假期进行一次野营训练。1956 年初，高等教育部根据周恩来总理关于培养经济建设干部要快、要好、要多，以及高等院校学生军事训练应当减少时间或缓办的指示，同解放军训练总监部反复研究，提出了缩短高等学校学生军事训练时间的意见，并报国务院审批。1956年10月19日，国务院《关于1956年秋季高等学校军事训练问题的批复》中明确规定，“训练时间为150小时，最多不超过200小时。”1956年秋季开始的第二批军训试点高等学校，军训时间一般是每周2小时，一学期共30～36小时。

第二，军事训练内容。各军训试点高等学校除了结合专业开设的军事课程，共同科目有：战术、射击、条令、队列训练、防原子防化学、军队政治工作等。如昆明师范学院于1957年2月开始上课，到6月底结束，进行了战术、射击、兵器器材、原子化学防护、解放军简史和军队政治工作等内容的教学。

根据军训大纲的规范，训练总监部会同有关部门，编写了学生军训的系列教材，主要有：《我军发展简史》《诸兵种介绍》《战术》《射击》《条令》《队列》《工兵》《卫生》等8种教材。各军种、兵种还分别编写了一批技术兵专业训练教材，适应了当时学生军训的需要，也为以后的军训教材建设打下了一定基础。

六、学生军训的各项保障

在军训工作试点期间，国防部和教育部、高等教育部在下发的文件中明确了学生军训所需装备、器材、场地、服装及经费等各项保障问题的解决办法，采取了一定措施。例如，1957年1月25日，由国务院全体会议通过的《高等学校学生军事训练暂行办法》（修正草案），在高等学校学生军训的有关保障上做了如下规定：

军事训练用的器材、教材等在市场上能够买到的，均由高等教育部负责购买。

军事训练用的武器和市场上不能购买到的器材、教材等，应当由国防部供给和支援。

各高等学校按照军事训练的需要，设专业教室及存放武器、器材的仓库，看守仓库的人员由学校负责配备。

军训处和军事教研组应设保密室，其工作人员由高等教育部和高等学校负责配备。

军训处和军事教研组工作人员的办公室和宿舍，由高等教育部和高等学校负责解决。

军事训练用的射击场、教练场和特种设备等可向附近的军事学校或部队借用。

在军训处和军事教研组工作的现役派遣军官，享有与军队的现役军官同等的权利和义务。现役派遣军官的薪金，由高等教育部按照国防部规定的标准发给，军服由国防部发给。①

应该说，这些办法和措施为普通高校、高级中学学生军训工作试点的开展创造了必要条件，也是在当时条件下所能做到的。但是，从保质保量完成学生军训任务、达成预期目标来看，这些办法和措施还远远不够，这也是后来导致第一次学生军训工作试点停止的一个重要原因。

七、第一次学生军训试点工作的停止

从1955年冬到1957年夏，全国共有14所高等学校和127所高级中学（含师范学校）进行了军训试点。1957年6月28日，高等教育部、教育部、国防部发出了《关于暂时停止高等学校和高级中学学生军训试点问题的通知》，要求“学校军训在今年秋季开学前暂时停止，今后根据需要再酌情展开”。② 根据这一通知，中华人民共和国历史上的第一次学生军训试点工作结束。

为什么要停止这次学生军训试点，从高等教育部、教育部和国防部联合下发的停止军训试点通知来看，主要有以下几个原因：一是学生课业负担重，难以抽出更多时间参加军训；二是军训教官及武器器材等各项保障不能满足学生军训的需要；三是在现有条件下军训难以达到预期目标，即

---

① 教育部国防教育办公室编：《学校国防教育文献汇编》，军事谊文出版社2004年9月第1版，第61页。

② 朱世杰、廖文科：《学校国防教育史》，军事谊文出版社2003年第1版，第27页。

培养预备役军官。例如，该通知中明确写道：

> 高等学校全期军训时间仅150～200小时、在这样短的时间内培养预备役技术军官是有困难的，培养预备役指挥军官则更不可能，如再增加军训时间，学生又负担不了；高级中学全期军训时间为100小时左右，主要进行征集前的军事训练，并为高等学校军训打下基础，在高等学校停止军训后，高级中学的军训亦没有必要。①

第一次学生军训试点工作结束后，高等教育部、教育部和国防部发文要求各试点院校认真总结这次学生军训试点经验教训，并对善后工作，主要是思想教育，人员回撤安置，武器器材、文件、教材回收等做出妥善安排。

第三节　学校民兵训练

第一次学生军训试点工作停止后，民兵训练成为学校开展国防教育和学生军训的主要形式。1958年到1963年间，全国大部分高校和高级中学按照党中央和中央军委的要求进行了时间不等、内容不尽相同的各种形式的民兵训练，以此增强广大青年学生的国防观念和培养国防后备力量。

一、关于学校民兵训练的规定和指示

1958年后，面对更趋复杂的国际国内形势，毛泽东和党中央号召全国大办民兵师，要求各基层组织，尤其是高等学校应当建立民兵组织。1958

① 教育部国防教育办公室编：《学校国防教育文献汇编》，军事谊文出版社2004年9月第1版，第65、66页。

年4月《中共中央关于国防工作的意见》中规定："大中学校应增加军事训练课程，其办法由军委商同教育部门拟定。"1958年8月，中共中央《关于民兵问题的决定》中，又明确规定："大、中学校要增设军事课程，实施军事训练。"①

1958年9月29日，针对美帝国主义在台湾海峡制造的紧张局势，毛泽东向新华社记者发表"要大办民兵师"的重要谈话，称："民兵师的组织很好，应当推广。这既是军事组织，又是劳动组织，又是教育组织，又是体育组织。"中共中央的决定和毛泽东的重要指示，对学校开展民兵训练提出了明确要求。由此，民兵训练成为当时大中学校国防教育和学生军训的主要形式。

1960年1月11日至19日，解放军总参谋部、总政治部在北京联合召开了全国民兵工作会议。会议着重讨论了对民兵的战略地位的认识问题，总结了1958年大办民兵师以来的成绩和经验，并对进一步加强民兵建设和贯彻全民大办民兵师的方针任务，做了明确规定。中央军委副主席贺龙元帅在会上做报告，清华大学、北京大学等一些重点大学的校领导在会上发了言。

1960年4月18日至27日，党中央和中央军委在北京召开了全国民兵积极分子代表大会，主要的任务是发扬民兵的光荣传统，高度发挥民兵既是军事组织，又是劳动组织、教育组织、体育组织的作用，加速祖国的社会主义建设和加强国防建设。一些学校主管民兵工作的领导和民兵代表参加了大会，受到了毛泽东等党和国家领导同志的接见。这次大会的召开，标志着我国的民兵建设进入了一个新阶段。

1961年12月，中共中央、国务院颁发国防部拟定的《民兵工作条例》，明确规定："对民兵必须有计划地进行政治教育和军事训练。"两次会议和《民兵工作条例》的颁发，进一步明确要求学校，尤其是高等学校应当以民兵训练为主要形式加强国防教育，培养国防后备力量。1962年6月19日，毛泽东发出"民兵工作要做到组织落实、政治落实、军事落实"

① 朱世杰、廖文科：《学校国防教育史》，军事谊文出版社2003年第1版，第27页。

的指示。各高等学校认真贯彻“三落实”的指示，普遍进行了民兵“整组”，学生民兵组织进一步健全。本着“劳武结合”的原则，合理地安排训练时间，结合专业特点，进行特种兵训练，使得学校民兵训练工作轰轰烈烈地开展起来。

二、学校民兵训练工作的开展情况

1958 年，党中央和毛泽东发出“全民皆兵”“大办民兵师”的号召以后，高等院校和中等学校的广大师生热烈响应，相继建立了民兵师、团，在中央和地方各级军事部门、教育部门的领导下，在当地共青团、体委和妇联的积极配合下，学校的民兵训练迅速开展起来。

1958 年 10 月 7 日，解放军总参谋部在北京工业学院召开了全国民兵工作现场会议，到会的有各大军区、各省军区的首长及民兵工作干部。北京工业学院党委书记兼民兵师政委刘雪初在会上做了“北京工业学院建设民兵工作”的报告。总参谋部副总参谋长张爱萍上将、动员部部长傅秋涛上将都在民兵工作现场会上做了重要指示。这次会议对学校民兵工作起到了有力的推动作用。1958 年 12 月，沈阳军区在辽宁大学召开了民兵现场会议，辽宁省和东北各省军区以及东北 25 个市的首长和领导同志，亲自主持和参加了现场会议，检阅了辽宁大学民兵师队伍，并授予了“高举共产主义红旗，向社会科学和军事科学进军”的锦旗。

1960 年全国民兵工作会议后，在各军区、军分区和各省、市教育部门的领导下，各地学校民兵的组织建设和军事训练工作都进一步加强，民兵组织进行了整顿，重新做了审查登记。根据各级各类学校的不同性质与专业特点，划分了兵种，规定了训练时间、内容和要求，加强了技术兵的训练。

1963 年 8 月 20 日，国防部和教育部颁发的《高等学校民兵试点训练大纲》中，对高等学校的民兵训练工作做出了规范。军队有关部门和地方教育部门，普遍按照大纲规定，认真安排部署学校民兵试点训练工作，使得学校民兵训练工作逐步规范起来。

1964 年以后，随着形势的发展，多数学校除还保留教职员的民兵训练外，学生的民兵训练事实上基本停止，学生接受国防教育和进行军训的主要形式转为到部队当兵锻炼，直接体验军事生活。

三、学校民兵训练的时间

1958 年至 1963 年的学校民兵训练，主要采取分散的经常性训练与定期的集中训练相结合的办法，训练时间和具体安排各不相同。例如，东北工学院 1960 年技术兵种训练，采取期中停课、期末补课的办法，进行短期集中训练 1～3 周。基干民兵在暑期结合军事野营活动进行。清华大学 1960 年技术兵种训练时间，通常是 60～70 小时，少者 40 小时，多者达 80 小时。此外，五年（学制六年）还要开展两次野营训练，每次 7 天左右，约 100 小时。学生在校学习期间军事训练时间可达 400 小时。南京航空学院（现南京航空航天大学）采取分散与集中训练相结合的办法，每周 2 小时，作为一门课，排入课程表，其余则利用寒暑假到部队训练。辽宁大学每年新生入学后，组织 5～7 天的定期军事训练；每年“五一”“十一”进行两次军事活动，每次至少 3～5 个半天；平时上课期间，各年级每月集中两个半天时间进行民兵训练。1961 年以后，学校规定一、二、三年级军事训练都纳入教学计划，每一学期授军事课 16 小时，占体育课四分之一，除正式课外，每周还有 1 小时的课外练习。

1963 年 8 月，国防部、教育部颁发的《高等学校民兵试点训练大纲》（草案）和《高级中学（中专）民兵试点训练大纲》（草案）对学校民兵训练时间做出了明确规定。《高等学校民兵试点训练大纲》（草案）规定：平均每周以 1 小时进行民兵试点训练。每月按 4 周，每学年按 8 个月计算，每学年训练 32 小时。五、六年制的高等学校在第一至第四学年进行训练，共为 128 小时；四年制的高等学校在第一至第三学年进行训练，共为 96 小时。每学期的训练时间，可根据课目内容和学校实际情况自行安排。在寒暑假期间，根据学生民兵的自愿，各学校还可以有领导有计划地组织军事野营活动，复习演练战术、技术课目。每次军事野营活动时间不超过 7 天。

《高级中学（中专）民兵试点训练大纲》（草案）规定：高级中学（中专）的民兵试点训练，安排在课外时间进行。平均每周训练1小时，每学年训练32小时，在第一、二学年进行训练，共64小时。

高等学校和高级中学（中专）民兵试点训练大纲正式下发后，总参动员部会同北京卫戍区、上海警备区、湖北省军区和武汉市武装部，组织联合工作组，从1963年11月15日至12月27日，先后检查了北京、武汉、上海三市的学校民兵试点训练情况，重点检查了9所大学（北京市的矿业学院、政法学院、体育学院和人民大学，武汉市的湖北大学和武汉大学，上海市的第一医学院、师范学院和交通大学）、2所中等专业学校和3所高中。通过检查，证实了上述这些学校都根据大纲规定的每周训练1小时的要求，结合各学校的实际情况做了具体安排。大体可以分为三种做法：一是利用空堂课时间；二是民兵政治理论教育放在党团活动时间进行（一般是在星期六下午），军事训练放在体育课的机动时间；三是军事训练放在课外活动时间。有的高等学校将每周1小时的训练时间集中使用，规定每月第四周的星期三下午（4小时）为民兵训练时间，由学校统一组织讲课或训练。

四、学校民兵训练的内容

1958年开始的全国大、中学校民兵训练，起初没有统一的训练大纲和计划。各学校是在军区、省军区帮助下，结合本校的实际情况制定自己的民兵训练计划。主要是在一、二年级学生中，结合体育课进行队列训练，少数学生进行射击和战术动作训练，以及解放军传统等军事知识和政治教育。例如，北京工业学院基干民兵训练内容为：队列训练、武器使用、实弹射击、战斗动作和小分队战术等课目。政治教育内容包括：中央关于民兵问题的决定、毛泽东军事思想、人民解放军的光荣传统、民兵任务和守则、条令教育等。

1960年后，高等学校结合学校专业特点，普遍开展了民兵技术兵训练。训练内容，除共同科目外，主要突出专业内容训练。例如，北京矿业学院民兵师于1960年5月，组成一个高射炮技术兵训练营，下辖5个连，共500人，由空军某支队一个高炮连，带高射炮8门，雷达1部，到学院帮助训练了1个月。清华大学制定了工程、防化、通讯、雷达、装甲、高炮、空军地勤等7种技术兵训练计划，开展了多种专业内容的训练。辽宁大学根据学校既有社会科学又有自然科学的多学科的特点，区分专业和年级，于1960年9月制定了民兵师训练规划，计划每学年进行100～120小时的军事训练，一二年级学生以完成基干民兵训练任务为主，将民兵训练和体育课结合起来。不分专业，主要进行现代基本军事知识学习、队列训练、内务卫生教育和轻武器基本知识、步枪射击、步兵战术等内容的训练。三四年级（五年制）学生重点进行专业训练。在完成基干民兵训练内容的基础上，根据各系不同的专业，进行现代军事技术和特种兵的训练。数理化专业的学生主要学习无线电报、电话、军事摄影、绘图、飞机、探照灯、雷达以及火箭、导弹、化学武器等。文史科的学生主要学习各种炮、工程兵技术装备。哲学、经济专业学生主要学习有关军队政治工作和后勤的训练，并选学航空、跳伞、摩托、通讯等科目中的一种。

概括起来，这一时期学校民兵训练的内容主要有：

1. 政治教育。包括毛泽东的人民战争思想、民兵在革命战争中的作用和未来战争中的战略地位、中国人民解放军的政治工作和“三八”作风、时事政策教育等。

2. 共同科目训练。主要有队列训练、刺杀、射击、战术、三防教育、诸兵种介绍、军事地形学等。

3. 专业训练。按学校各系专业性质，分别进行解放军各军兵种的专业科目训练等。

1963年8月，国防部和教育部（此时高等教育部、教育部两部已合并）根据1962年毛泽东关于民兵工作要做到“组织落实、政治落实和军事落实”的指示精神，为了进一步搞好学校的民兵训练工作，在充分调查研究、广泛征求意见的基础上，起草了《高等学校民兵试点训练大纲》（草案）、《高级中学（中专）民兵试点训练大纲》（草案），并向国务院呈送了请示报告。

1963 年 8 月 17 日，国务院批转了国防部、教育部《关于制定高等学校和高级中学（中专）民兵试点训练大纲（草案）问题的请示报告》。《高等学校民兵试点训练大纲》（草案）和《高级中学（中专）民兵试点训练大纲》（草案）明确规定：学校民兵训练方针与目的是以毛泽东的人民战争的军事思想为指针，在促进教学的前提下，本着少而精的原则，积极地、有计划地开展民兵训练。通过训练，提高民兵的阶级觉悟，加强国防观念，增强组织性、纪律性；使高等学校民兵具有一定的军事技术知识，懂得一些初级战术的组织指挥方法；使高级中学（中专）民兵掌握一定的军事技术，懂得一定的军事知识，随时准备响应祖国的号召，参军参战，打击侵略者，保卫祖国。训练大纲颁发之后，各地区大、中学校普遍按照大纲的规定和要求，组织开展学生民兵训练，使学校的民兵训练进一步向规范化方向发展。

根据国防部、教育部颁发的《高等学校民兵试点训练大纲》的规定，天津大学、南开大学、山西大学、中国人民大学、北京大学、清华大学、矿业学院、钢铁学院、政法学院、农业机械学院、北京体育学院等 11 所高等学校，在一年级进行试点训练。

中国人民大学依据《高等学校民兵试点训练大纲》，制定了学校本科学生民兵试点训练大纲。大纲包括三部分内容：一是训练方针和目的；二是训练内容和要求；三是各学年民兵训练课目、内容与时间。

《高等学校民兵试点训练大纲》（草案）和《高级中学（中专）民兵试点训练大纲》（草案）规定，训练教材，由国防部根据训练大纲编写。1963 年 11 月，北京军区、北京卫戍区、总参谋部、教育部联合工作组编印了高等学校一年级民兵训练教材，主要内容有：

1. 民兵的三项任务和十项要求；
2. 如何正确地对待战争；
3. 什么是人民战争，怎样实行人民战争；
4. 民兵在革命战争中的地位和作用；
5. “三八”作风。

五、学校民兵训练的组训方法

与前一阶段的军训相比，学校民兵训练的时间不确定，内容不够规范，因而在组训方法上具有因地制宜的特点。

第一，利用体育课和课外活动时间，坚持经常性训练。有的学校将军事训练部分共同科目，如队列、射击、通过障碍、武装泅渡等纳入体育课程。这样做既丰富了体育课的内容，又结合完成了军事训练部分共同科目的训练任务。一般是每周用一节体育课或1～2小时的课外活动时间，进行队列、射击和单兵、班的战术动作训练。

第二，结合学校专业特点，开展民兵技术兵的训练。有的学校结合学校专业特点进行特种兵训练，使学生迅速掌握军事专业技术，也促进了学校教学工作。如东北工学院从1960年2月开始到9月，分5批训练了炮兵（高射炮兵、榴弹炮兵）1717人，防化学兵1297人，通信兵（有线电、无线电）1623人，工程兵418人，装甲兵（坦克、自行火炮）357人。他们认为结合学校专业特点开展民兵特种兵训练，有以下几点好处：（1）能够把专业学习和军事训练紧密结合起来，较快地掌握军事技术。如原计划炮兵训练要半个月时间，实际只用6天。通信兵训练要一个月时间，实际只用21天。（2）丰富和推动了专业知识的学习。在训练中，学生既学到了军事技术知识，又巩固和充实了本专业所学过的课程。（3）促进了学校教学改革、科学研究和其他工作的开展。学生通过通信兵的训练，只用了35节课的时间，把原来需要120节课才能学完的课程全部学完。此外，在特种兵训练中，参训学生提出的双频发射自动保密报话机，改进71型收发报机，用电动机来带动高射炮的测高机，改制防毒衣，试制毒剂探测仪等，都很有价值，受到了部队的重视。

第三，与学生所学的专业相结合。有些高等学校将军事课内容适当地穿插安排到学生专业课中进行，如将工程兵的爆破和坑道课内容，纳入土建系和水利系的爆破理论与施工课程中。有的将军事课的学习，放在与学生相近似的专业课之后，在学生已学的专业基础上进行。如工程物理系的学生在学习了放射性物质的防护课的基础上，学习防化学兵的集体防护知识课。有些中学将民兵训练与各科教学结合进行，如兰州二中、安徽泗县中学，政治课结合讲人民解放军优良传统，语文课结合讲解放军和志愿军的战斗故事并组织学生阅读军事题材读物，数学课、物理课出一些有关射击原理的习题，史地课讲些我军和民兵的历史，化学课讲“三防”知识。这样做使学生既学习了军事知识，又丰富了各科教学内容。

第四，到部队集中训练。这是许多学校采取的方法，如1959年，清华大学动力系45名学生，组成该校民兵师机械化团坦克基干民兵排，到装甲兵第三坦克学校短期集训。学生通过对战术、技术、射击、通信等科目共计110小时的训练，学到了基本的军事知识，并成为能够驾驶坦克，会射击、会用电台通话和了解一般战术知识的坦克兵。辽宁大学从1963年开始，每年新生入学后，由校党委主管领导带队，到部队集中训练一个月。

第五，组织军事野营活动。各地大、中学校在军事部门或当地驻军的帮助下，通常利用假期组织学生进行军事野营训练。1963年，辽宁大学从6月1日开始至8月底止，用3个月的时间，组织了12次军事野营活动，有2760人参加。野营活动除了思想政治教育外，主要进行兵器知识和射击训练，进行了3次军事演习和2次实弹射击。还组织学生到抚顺雷锋纪念馆、辽沈战役的黑山101高地，以及烈士陵园等地参观，行进途中进行了急行军、攻山头、露宿、野炊等训练。利用下乡参加农业劳动的行军途中，组织学生夜行军和渡河演习。

1964年6月2日，国家体委、总参谋部、总政治部、教育部、全国总工会、共青团中央、全国妇联发出的《关于组织军事野营活动的联合通知》指出：多年的实践证明，军事野营活动是对厂矿、企业、机关、学校的民兵，特别是青少年学生，普及军事知识，实施军事技术训练，增强国防观念，提高阶级觉悟，培养“三八”作风，密切军民关系，锻炼组织性纪律性和增强身体素质的很好的活动形式。要求“将此项活动认真地领导起来，并做出长远规划”。

第六，利用节假日开展教育训练活动。如利用“八一”“十一”等重大节日开大会、游行庆祝等机会，举行射击、投弹、刺杀、通信、救护、防化技术表演和比赛等。这样既丰富了节假日的生活内容，又巩固了所学的军事知识。

六、学校民兵训练的组织领导

学校民兵训练是在全国轰轰烈烈“大力民兵师”的背景下开展起来的。全国民兵工作由党中央、中央军委统一领导，学校民兵工作则在地方党委和军事部门的领导下，由学校党委具体负责落实。

1963年8月20日，国防部和教育部颁发的《高等学校民兵试点训练大纲》中，明确规定：“在地方党委统一领导下，各级军区和武装部门与省、自治区、直辖市教育部门共同负责学校民兵训练的领导，进行督促检查。”①

1958年，各高等学校成立民兵组织后，是在校党委统一领导下，由教务处、行政处、宣传部等部门和共青团、工会齐抓共管。一般是由学校团委具体负责民兵组织的经常性工作。如清华大学团委在1959年4月成立了军体部，各系分团委都设有军体委员及军事活动组，其中有的系还安排转业复员军人中的积极分子和系的副职干部，负责具体工作。

1960年，全国组织了8个地区的民兵工作调查组，分别到全国重点的厂矿、机关、学校进行调查。8个组中，由教育部直接派人协同军队调查学校民兵工作的单位有辽宁大学、清华大学。调查组的调查总结报告认为：辽宁大学、清华大学两校的民兵组织，自1958年组建以来，在学校党委统一领导下，各部门密切配合，认真贯彻党中央的决定，民兵工作得以正常地发展。两校党委、各系党总支、党支部，都有专人负责领导民兵工作。清华大学党委和各系党总支，都成立了民兵工作组，吸收共青团、工会等有关部门及教职工参加，校和系均设置民兵师、团办公室，负责民兵训练的日常工作。辽宁大学党委设立了武装部，配备专职干部4人，并将体育教研室改为军体办公室，负责民兵训练的日常工作。

---

① 朱世杰、廖文科：《学校国防教育史》，军事谊文出版社2003年第1版，第31页。

1961年10月25日，中共中央批转中央军委《关于人民公社配备专职人民武装干部的规定》，其中指出：为了加强民兵建设，保证贯彻执行民兵工作的各项政策，决定在各基层武装部配备专职武装干部，并明确规定："高等学校的武装部长，一般由该单位的领导干部兼任，另配备专职副部长或助理员。"①

按照文件规定的精神，各地没有设立武装部的高等学校，陆续建立了武装部，配备了专职武装干部。教职员工在3000人以下的配备2名，3000～5000人的配备5名，5000人以上的配备5～7名。学校武装部作为党委的军事参谋部，在学校党委领导下，负责组织领导学生的军事训练。如武汉大学于1963年8月，被列为民兵训练试点高校之后，正式成立了人民武装部，由校党委书记朱劭天兼任武装部长，另有副部长1人，专职人武干部2人。

高等学校普遍建立民兵师、团，其编组根据学校的特点，以党组织为核心，与学校的各系行政及教学班级相适应，不打乱学习组织。学校党委书记、党员正副校长分别任民兵师政委、师长；系编为团（营），由党总支书记、副书记、党员系主任分别任团政委（教导员）、团长（营长）；各年级、专业编为营（连），由各年级或专业的党支部书记、专职政治辅导员分别任教导员（指导员）、营（连）长；教学班编为排，由党支部委员或班长任排长；学习小组编为班，小组长任班长。如北京体育学院于1958年9月12日成立民兵师，党委书记、院长钟师统任师长兼政治委员。

1962年6月19日，毛泽东发出"民兵工作要做到组织落实、政治落实、军事落实"的指示。各高等学校认真贯彻"三落实"的指示，普遍进行了民兵"整组"，学校民兵组织领导进一步健全。

七、学校民兵训练教员

1963年以前，高等学校民兵训练的教员，有的主要是由体育教师和学

① 朱世杰、廖文科：《学校国防教育史》，军事谊文出版社2003年第1版，第32页。

校武装部的干部担任，由相关课程的教师讲授有关的课；有的是由部队工作组和本校的干部、教师担任。例如，陕西省高等学校民兵组织在 1958 年以后迅速建立起来，民兵训练的教员一般都是请本校的复员、转业军人担任，或由学校选送干部到军事院校和部队短期学习，然后回校担任民兵训练工作。

1963 年 8 月，国务院批转的国防部、教育部《关于高等学校和高级中学（中专）民兵试点训练大纲（草案）问题的请示报告》规定：根据中央压缩机构、精简人员的精神，目前暂不考虑增加编制。在试点期间，军事训练的教员，各学校可挑选教职员和复员、转业、退伍军人担任，或请当地军事机关、军事院校、驻军和公安部队派人讲课或帮助学校培训教员。

各地高等学校根据此规定，均主要从校内挑选武装部干部和教职员，担任民兵训练教员。如中国人民大学负责民兵训练的 5 名教员，是由学校武装部的干部（复转军人）担任，他们为了保证教学质量，备课时采取个人编写教案，集体研究、修改补充，吸收党史教研室和哲学教研室教师参加组织试讲等方法。黑龙江大学由校党委书记、教务处长、中文系主任、宣传部负责人担任民兵政治教员，学校武装部的干部和挑选的复转军人担任军事教员。上海师范学院挑选了 19 名党团干部和青年教师，利用课余时间，先进行 70 小时培训，再给民兵讲课和组织训练。有的学校先组织民兵干部培训和学生干部“小教员”培训，而后由他们再去组织或协助军事教员开展民兵训练。

第四节　小结

1955 年至 1976 年的 20 余年间，我国的政治制度、经济建设和国防建设，均经历了重大变化和发展，学校国防教育与学生军训工作，在建国初期的基础上又有了新的发展，探索了许多新的方法和途径，但也出现了一些不切实际的做法，这些既为今后学校国防教育和学生军训工作的有序发展积累了经验，也有许多值得反思的教训。

一、依法依规是学校国防教育和学生军训工作健康发展的根本前提

学校教育“是指教育者根据一定的社会要求，依据受教育者身心发展规律，有目的、有计划、有组织地对受教育者所进行的传授知识技能、培养思想品德、发展能力和体力以及情感态度等，把受教育者培养成一定社会所需要的人的活动”。[①] 目的性、计划性、组织性是学校教育与其他社会教育的显著区别，这主要体现在国家和各级教育行政部门制定的教育方针和法律法规，学校编制的培养目标、教学大纲和教学计划等文件中。学校国防教育和学生军训工作属于学校教育的范畴，是学校教育教学活动的有机组成部分，是达成学校培养人才的途径之一。因此，有法可依，有章可循，按纲施训，应该是学校国防教育和学生军训工作应遵循的基本原则。

回顾社会主义探索时期学校国防教育和第一次学生军训工作试点的开展，正是有目的、有计划、有组织地对广大青年学生进行爱国主义、革命英雄主义教育，增强国防观念和依法履行兵役义务的教育过程。

党的教育方针的提出，为各级各类学校人才培养指明了方向。《中华人民共和国宪法》明确规定：“保卫祖国是中华人民共和国每一个公民的神圣职责”，“依照法律服兵役是中华人民共和国公民的光荣义务”。这就以国家根本大法的形式规定了学生接受国防教育和履行兵役义务的原则要求。在此基础上，1955 年制定并颁发的《中华人民共和国兵役法》进一步明确了高等学校和高级中学（含相当于高级中学的学校）学生军训的要求。此后，国防部、高等教育部和教育部制定下发了一系列规范学生军训工作的文件。这些法律法规对促进学校国防教育和学生军训工作的顺利开展发挥了重要作用，并为今后学校国防教育和学生军训工作的深入开展奠定了基础。

---

① 邵真杰、卢真金主编：《教育学》，华东师范大学出版社 2010 年 8 月第 5 版，第 6 页。

令人遗憾的是，这种良好的发展形势和规范化的制度安排没有在后来的工作中坚持下去，在“大办民兵师”的运动式发展中，一切又陷入无序化状态中。有鉴于此，今后为确保学校国防教育和学生军训工作的有序开展，达到预期目的，仍要不断完善有关法律法规，制定与之配套的贯彻落实措施，切忌滥用“运动式”工作模式，在学校国防教育和学生军训工作中上搞“大跃进”。

二、健全组织领导机制是搞好学校国防教育和学生军训工作的关键

坚强的组织领导和顺畅的工作机制是确保各项工作落实的关键。十年社会主义探索时期，学校国防教育工作和学生军训工作的组织领导机制，由建国初期的临时性、不规范向制度化、机制化方向发展，各级领导机构逐步建立，各种工作机制不断完善，这是学校国防教育深入发展和第一次学生军训工作试点顺利开展的重要保证。

为确保第一次学生军训工作试点的顺利开展，在当时国防部和高教部、教育部下发的文件中明确规定，学生的军事训练，由国防部和高等教育部、教育部共同负责，有关军事训练的规章、制度等，由国防部、高等教育部、教育部共同制定，还对各自的领导职责进行了区分。

在军训试点期间，国防部在训练总监部下专门设立了军外训练部负责领导高校和高中的学生军训试点工作，高等教育部设立了军训处，教育部设立了军训指导处。解放军各军兵种、省军区，也分别设立了军外训练机构，各省、自治区、直辖市在教育厅（局）内设立了专职军训指导员。各试点高校的学生军训工作由学校党委统一领导，并指定专职领导负责军训工作。参加试点的高级中学一般由校长或副校长分工主管学生军训工作，有的学校由教导主任具体负责军训工作。在学校民兵训练中，各高校按要求成立的武装部也对民兵训练任务的完成发挥了很好的作用。

实践证明，抓任何工作都要有一个坚强的领导机构，要有明确的工作职责，要有清晰的工作关系，确保各项工作有人领导、有人督查、有经费

保障，出了问题可问责。今后学校的国防教育和学生军训工作仍要在健全组织领导机制、明晰工作职责和相互关系上有所改进。

三、派遣军官制度是确保学校国防教育和学生军训工作质量的重要保证

学校国防教育和学生军训工作，就其本质来说，是以在地方院校就读的青年学生为对象，以学军练武为主要内容，以训练和储备国防后备力量为根本目的的一项特殊的学校教育活动。其突出特点表现在两个方面：一是教育性，二是军事性。教育性要求学校国防教育和学生军训工作必须遵循学校教育的一般规律，适应广大青年学生的认知特点和身心发展规律；军事性是就教育训练的内容而言的，无论学校国防教育的内容还是学生军训的内容都要姓“军”，都要适应国防和军事斗争的需要，按照军事化的要求进行。

把握教育性和军事性的结合，是搞好学校国防教育和学生军训工作的关键。50 年代中期，第一次学生军训试点工作中创造的派遣军官制度，在这方面是一次有益的尝试。

派遣军官，是根据国防建设的需要，经过非军事部门的聘请，由国防部派往非军事部门担任军事性质工作的现役军官。在学生军训试点期间，派到教育部门的派遣军官承担的工作任务主要有两项：一是编在各级教育行政部门的军训处（军训指导处），主要负责学生军训工作的筹划组织、督导协调和巡视检查工作；二是编在各级各类学校的军事教研室（组），具体负责学生军训的组织实施工作。这些派遣军官都是从全军各军兵种、军事院校现役军官中抽调的。有的成建制抽调，如 1955 年底派驻北京体育学院（现北京体育大学）组织该院军训试点的派遣军官，就是由总参谋部从齐齐哈尔步兵学校抽调的，由该校副校长胡兆棋上校为首的 21 名军官组成一个军事教研组。有的由各单位选调。派遣军官上任前还要组织一定集训，主要是学习教育学，熟悉教育对象的特点等。为保证派遣军官队伍的整体素质，1955 年颁布的《中国人民解放军军官服役条例》还对派遣军官

的资格条件、轮换制度和福利待遇等做了明确规定。应该说，派遣军官制度的建立，对于第一次学生军训试点工作的顺利开展，保证学生军训质量，发挥了很好的作用。但是，令人遗憾的是，派遣军官制度在实践中遇到的问题、需要完善的地方没有得到很好的总结，这一制度也随着第一次学生军训试点工作的暂停而结束。

四、学生军训工作成效有赖于各项保障措施落实到位

学生军训工作的直接目的是培养国防后备力量。50 年代中期开展第一次学生军训工作试点时明确，高等学校学生军训目的就是培养预备役军官；高级中学（含相当于高级中学的学校）学生军训是受征集前的训练，并为高等学校军训打基础。这些在《中华人民共和国兵役法》和学生军训试点时下发的各种文件中都有明确规定。因此，学生军训不同于一般的学校国防教育活动，它的军事性特点更加突出。除了需要专业化的派遣军官队伍和帮训官兵的规范化组织施训外，还必须有一定的保障条件要求。主要包括：训练场地，武器器材、服装装具等。

50 年代中期第一次学生军训试点时，由于时间较短，准备工作仓促，试点开始时有些准备工作来不及做，因而影响到了学生军训质量和效果，这也是导致后来第一次学生军训试点工作暂停的一个重要原因。

俗话说，“工欲善其事，必先利其器。”做任何事都要有一定的工具和条件保障。开展规范化的学生军训，首先必须有相应的保障条件和措施。例如，射击课目训练，如果没有枪弹、靶场等条件，就无法进行训练；战术课目训练，离开一定的场地、器材，训练也无从谈起。这些保障措施不能落实到位，盲目开展学生军训就只能走过场，最终也不可能达成培养国防后备力量的目标。

从第一次学生军训试点中各项保障落实来看，有以下几个方面的教训值得总结：一是各项保障必须与军训大纲的规范相一致，大纲规定训练什么内容，就要有相应的保障条件。二是各项保障条件必须与军训规模相适应，有多大军训规模就要准备相应的保障条件，否则按试点时的数量规模

进行保障，到全面开展后就难以满足保障需求。三是要有可持续性，学生军训工作要长期发展下去，各项保障不能有临时观念，要考虑到可持续性发展的要求。四是军地结合，学生军训的各项保障单靠军队和地方都不可能做好，必须军地结合、相互配合、分工协作，才能搞好各项保障工作。

五、学生军训工作应力求与学校自身的教育教学相结合

社会主义建设探索时期，学校国防教育和学生军训工作的一个重要的特点就是与学校的专业设置和学生所学专业结合比较紧密。例如，在第一次学生军训试点中，所选择的 14 所高校的 21 个专业都是各高校既设专业或与既设专业相近的专业，同时也是与军队人才需求相一致的专业，从而与军队院校人才培养形成了互补关系。在民兵训练中也力求与学生的专业学习相结合。有些高等学校将军事课内容穿插安排到学生专业课中进行，如将工程兵的爆破和坑道课内容，纳入土建系和水利系的爆破理论与施工课程中。有的将军事课的学习放在与学生相近似的专业课之后，在学生已学的专业基础上进行。如工程物理系的学生在学习了放射性物质的防护课的基础上，学习防化学兵的集体防护知识课。有些学校将军事理论教学与各科教学结合进行，政治课结合讲人民解放军优良传统，语文课结合讲解放军和志愿军的战斗故事、组织学生阅读军事题材读物，数学课、物理课出一些有关射击原理的习题，史地课讲些我军历史，化学课讲“三防”知识等。

这样做的好处：一是提高了国防后备人才培养的针对性、实用性，高校参加军训的学生既可直接招录为现役军官和专业技术人员，也可做为专业后备人才储备起来，需要时直接征集入伍；二是能够把专业学习和军事训练紧密结合起来，较快地掌握军事技术；三是深化和促进了专业知识的学习，学生在训练中既学到了军事技术知识，又巩固和充实了本专业所学过的课程，从而提高了学生学习兴趣和军事训练热情；四是可以促进学校教学改革、科学研究和其他工作的开展；五是可以统筹利用军地人才培养资源，提高人才培养效益。总之，这一时期学校的国防教育和学生军训工

作把国防后备人才的培养融入学校正常教育教学，既有利于国防和军队建设，也可促进学校教育教学，符合今天所说的军民融合式发展战略，是当时条件下的融合发展思路。

由于受当时国内政治形势以及“左”倾工作指导思想的影响，无论第一次学生军训试点还是后来的学校民兵训练，都过分地强调了国防需要、战备需要，有些内容和做法不完全符合学校教育教学实际和青年学生自身特点，有些典型经验也未及时总结和推广，尤其是民兵训练时期在舆论宣传和时间安排上都有些过头，训练的科目和内容都是按普通士兵的标准进行的，缺乏深度和广度，没有在提高学生全面素质上下功夫，从而使得这一时期的学校国防教育和学生军训工作的内容和形式都难以坚持下去。这些经验和教训都值得在今后的学生军训工作中认真吸取。

第四章
社会主义建设新时期的学校国防教育和学生军事训练工作（1977 ~ 2000）

1977 年特别是党的十一届三中全会以后，中国共产党人总结新中国成立以来正反两方面的历史经验，使党和国家的工作重点转到社会主义现代化建设上来，开辟了社会主义事业发展的新时期。学校教育走上正轨，学校国防教育和学生军训得以恢复、重建并进一步制度化、法制化。

第一节　面临的形势与任务

“文化大革命”结束后，我们所面临的国际、国内形势均发生了巨大的变化，就在这样的变化中，我国的国防教育和学生军训工作在探索中不断发展。

一、和平与发展成为世界主题

这一时期的国际形势，最突出的莫过于美苏争霸。但是，就在美苏两霸激烈争夺，战争危险严重存在的现象背后，一种新的不以人们主观意志为转移的趋势，也在这一时期不断孕育和发展起来，这就是和平与发展的趋势。这种趋势的出现，一方面是由于包括美、苏两国人民在内的世界各国人民开始充分认识到战争特别是核战争对世界带来的严重威胁，进而反对战争；另一方面是广大发展中国家迫切需要有一个和平安宁的国际环境，以便能够集中力量发展自己，以发展中国家为主体的联合反霸斗争不断开展。还有一个更主要、更深刻的原因在于经济方面，经济发展状况是一切国家制定政策的决定因素。美、苏两国之所以在世界上能够成为超级大国，其所凭借的就是长期积累和发展起来的经济实力和科技实力。庞大的战争机器一旦失去经济力量这个后盾，就会成为无本之木，难以发挥作用。而历史经验证明，一旦走上了霸权主义的道路，再强大的经济力量都迟早可能会被挥霍掉，从而走向衰落，经济因素足以制约任何霸权势力的扩展。20 世纪 70 年代后期的世界经济，已经清晰地显示出这种制约作用。尽管美苏两国争霸造成的战争危险异常严重，但摆在世界各国面前的主要任务却是恢复或发展经济，甚至连超级大国自己也不能不把克服经济困难摆在首位，和平与发展成为世界的主题。

20 世纪 80 年代初期，国际形势开始发生了一些微妙变化，特别是美苏争霸转入了僵持，我们的对外开放进一步密切了中国与世界的联系，各国经济相互依存明显加深。

20 世纪 80 年代末和 90 年代初，国际形势出现了自第二次世界大战后最大的、划时代的变化。1989 年苏东剧变、柏林墙倒塌，继华沙条约组织解散后，1991 年 12 月苏联解体，冷战走至尽头，世界进入后冷战时代。在此期间，冷战虽然消失了，世界大战在短时间内不可能爆发，但国际形势动荡不安，局部战争和武装冲突频繁爆发。而随着苏东剧变、柏林墙倒塌乃至苏联解体这一系列重大历史事件的发生，多极化的世界格局逐步形成，和平与发展成为这个时代的主题。

二、国防和军队建设进入新的历史时期

粉碎“四人帮”后，全国人民以极大的热情投入社会主义建设，特别是在 1978 年底，中国共产党召开了十一届三中全会，我们党正确判断国际形势、把握历史发展机遇，确立了改革开放的方针，国家进入了以经济建设为中心的改革开放新时期。

党的十一届三中全会以后，邓小平同志领导我军进行全面整顿，拨乱反正，消除“文革”中林彪、“四人帮”对军队干扰破坏的影响，恢复和发扬我军的优良传统，从而使我军建设走上了正确轨道。邓小平同志着眼于国际大势和国家大局，着眼于我军新时期的历史使命，提出了建设一支强大的现代化、正规化革命军队的总目标，确定了加强军队建设的一系列方针原则，开创了建设有中国特色的精兵之路。我军实现了军队建设指导思想的战略性转变，即由“早打、大打、打核战争”转到了和平时期军队建设的轨道上来，充分利用今后一个较长时间内大仗打不起来的和平环境，摆脱多年来在临战状态下进行应急式建设的被动局面，在服从国家经济建设大局的前提下，抓紧时间，有计划、有步骤地加强以现代化为中心的根本建设，提高军政素质，增强我军在现代战争条件下的自卫能力。1985 年，我军进行体制编制的重大调整改革，裁减员额 100 万，朝着“精兵、合成、高效”的方向迈出了重要一步。

1993 年初，根据世界战略格局走向多极化和世界军事领域发生革命性变革的新形势，我军制定了新时期军事战略方针，这是积极防御战略思想的重大发展，也是军队建设指导思想战略性转变的深化。用这个方针统揽全军各项建设，贯彻科技强军战略，以改革创新的精神推动我军由数量规模型向质量效能型、由人力密集型向科技密集型转变。我军积极探索新形势下治军和军事斗争准备的特点与规律，全军的政治工作、军事工作、后勤工作、装备工作有了新的改进和加强，广大指战员的思想政治素质、军事技术素质、科学文化素质有了很大提高。

三、学校国防教育和学生军训工作不断探索发展

学校国防教育是进行国防后备力量建设和提高青少年学生全面素质的重要途径。“文化大革命”期间，学校国防教育虽然延续进行，但受到极左路线的严重干扰，加之国防建设指导思想的偏差，在国防教育内容和目的上狭隘化，过分强调树立“打仗”的思想，往往与战备教育等同起来。

“文化大革命”结束后，国家和军委总部对国防教育和后备力量建设

十分重视，认为和平时期对广大人民群众特别是青少年进行国防教育，牢固树立爱国主义精神和“居安思危”思想是保持国家安全稳定和长治久安、保证社会主义祖国不受侵犯和颠覆的一件大事。随着教育战线的拨乱反正，特别是全面发展的社会主义教育方针的重申和我国国防建设指导思想的转变，学校国防教育的指导思想也逐步转变，确立了学校国防教育在社会主义教育事业中的重要地位，也指引学校国防教育工作重新走上正确轨道。强调通过国防教育，激发青少年学生的爱国主义热情，提高青少年学生的国防观念，教育青少年学生自觉履行国防义务。

1985 年开始，各地特别是许多高校广泛开展学生军训试点，总结了一系列高校学生军训的经验做法，为学生军训工作走向法制化、规范化做了大量有益的探索，高校学生军训开始逐步向正轨化发展。

第二节 法规体系

国防教育和学生军训走向法制化道路，既是历史发展的趋势，也是我国现实的要求。开展国防教育，强化全体公民的国防观念，是国防建设的重要组成部分。学校国防教育作为我国教育事业的重要组成部分，具有德育、智育、体育多种功能，是提高青少年学生全面素质的重要途径。这一时期，党和国家非常重视学校国防教育和学生军训工作，出台了一系列有关的法律法规，使学校国防教育和学生军训工作逐步走入法制化的轨道。

一、对国防教育的初步规范

1981 年 3 月 9 日，中共中央、国务院、中央军委批转总参谋部、总政治部《关于调整民兵组织问题的报告》的通知，明确了大专院校不建民兵组织，同时要求把国防教育作为一门课程，纳入学校的教学计划，统一安排。1981 年 12 月 31 日，教育部、总参谋部、总政治部根据中共中央关于高等学校学生的军事训练要纳入教学计划统一安排的精神，联合下发了

《关于高等学校学生军事训练工作几个问题的通知》，通知明确了国防教育和学生军训在学校教育体系中的地位作用，并对高等学校军事训练的目的、内容、时间、训练保障、组织领导等问题做了明确的规定和要求。此后，全国开展军事训练的高等学校，均按该《通知》精神保证国防教育内容、时间的落实。1982 年 7 月，教育部再次强调：《关于高等学校学生军事训练工作几个问题的通知》是贯彻中央精神，在学生军训制度尚未做出统一规定之前，针对目前情况，为解决一些现实问题而确定的过渡办法。自此，全国高等学校认真贯彻上述文件精神，把学生军训纳入教学计划，使学校国防教育逐步走上正常的教学轨道，在实践中为学校国防教育的法制化、制度化积累了经验。

二、新《兵役法》颁布

1984 年 5 月 31 日，第六届全国人民代表大会第二次会议审议颁布了《中华人民共和国兵役法》。新《兵役法》的颁布，使学校国防教育的实施有了法律依据。新兵役法将高等学校和高级中学的学生军事训练单列一章，以法律条文的形式做出明确的规定，要求“高等学校的学生在就学期间，必须接受基本军事训练”。高级中学和相当于高级中学的学校，也应“配备军事教员，对学生实施军事训练”[①]，明确了学生军训，是学校教育的一项重要内容。参加军训是学生在就学期间依照法律履行兵役义务的基本形式。

新《兵役法》还明确规定：“根据国防建设的需要，对适合担任军官职务的学生，再进行短期集中训练，考核合格的，经军事机关批准，服军官预备役。”[②] 这就从法律上明确规定了高等学校学生有服军官预备役的义务。高等院校开展军事训练，培养预备役军官，特别是培养军事专业人才，具备诸多有利条件，这对改变预备役军官素质，加强后备力量建设，

① 引自《中华人民共和国兵役法》第 8 章第 43、45 条。

② 引自《中华人民共和国兵役法》第 8 章第 43 条。

适应现代战争要求具有重要意义。

新《兵役法》的规定，充分体现了国家对学生军训工作的重视，确立了这项工作在国防建设、学校教育中的重要地位，再次为学校实施国防教育提供了法律依据，奠定了法律基础。这是继1955年颁布实施的第一部《兵役法》之后，第二次就学生军训问题以法律形式做出的明确规定。它对新时期加强学校国防教育，培养全面发展的合格人才，具有极其重要的意义。

三、《中华人民共和国国防法》颁布

1997年3月14日，第八届全国人民代表大会第五次会议通过《中华人民共和国国防法》。同日以中华人民共和国第84号主席令公布，并自公布之日起施行。国防法的颁布施行，是我国民主法制建设的一件大事，也是建设和巩固国防、实现国防现代化的重大举措，在我国国防建设史上具有里程碑的意义。

《国防法》共12章74条，明确了我国国防的性质、任务、建设目标以及实行积极防御战略、国防建设与经济建设协调发展、国家对国防活动实行统一领导等一系列国防原则，并分别对国家机构的国防职权、公民、组织的国防权利和义务，军人的义务和权益，对外军事关系等问题，做了原则的规定。其中单设一章（第七章）对国防教育的目的和地位、方针和原则、组织实施和经费保障做出了规定。

一是规定了国防教育的目的和地位。《国防法》第40条规定："国家通过开展国防教育，使公民增强国防观念、掌握国防知识、发扬爱国主义精神，自觉履行国防义务。""普及和加强国防教育是全社会的责任。"这一法律规定表明，国防教育的目的和内容与社会主义精神文明建设的目的与内容在总体上具有统一性，其核心都是提高公民的素质，弘扬爱国主义精神，激励全国人民为把我国建设成为富强、民主、文明的社会主义国家而奋斗。同时表明，我国的国防是全民国防，一切国家机关和武装力量、各政党和各社会团体、各企业事业单位都有开展国防教育的职责。只要全社会动员起来，人人参加和接受国防教育，我国的国防就有最深厚的基础，国家的安全就有可靠的保障。

二是规定了国防教育的方针和原则。《国防法》第41条规定：“国防教育贯彻全民参与、长期坚持、讲求实效的方针，实行经常教育与集中教育相结合、普及教育与重点教育相结合、理论教育与行为教育相结合的原则。”这是根据党和国家有关国防教育的规定，总结了全国各地开展国防教育的成功经验，明确规定的国防教育方针和原则。正确地贯彻国防教育这一方针和原则，对普及和加强国防教育，保证国防教育的深入、持久开展具有重要意义。

三是规定了国防教育的领导机关及其责任。《国防法》第42条规定：“国务院、中央军事委员会和省、自治区、直辖市人民政府及其有关军事机关，应当采取措施，加强国防教育工作。”这一法律规定对国务院、中央军事委员会加强国防教育的领导工作提出了要求，为制定国防教育法时明确国家的国防教育领导机构提供了法律依据。

四是规定了学校国防教育的地位和实施要求。《国防法》第42条规定：“学校的国防教育是全民国防教育的基础。各级各类学校应当设置适当的国防教育课程，或者在有关课程中增加国防教育的内容。”这表明，加强学校国防教育，是进行全民国防教育的基础工程，也要求国防教育应从学生抓起。同时还明确要求各级各类学校都应当把国防教育列入正式的教学内容，并从课程设置、教材选编、教学实践等方面，把国防教育的内容渗透到具体的教学活动之中，对学生实施系统的国防教育。

《国防法》是我国第一部全面规范国防和军队建设的基本法律，是加强国防和军队建设的基本法律依据。《国防法》中专门设立一章对国防教育，特别是对学校国防教育专门做了规定，这标志着我国学校国防教育的发展获得了法律保障，走上了法治轨道。

四、逐步完善军训教学大纲

1985年1月14日，教育部、劳动人事部、财政部、中国人民解放军总参谋部、总政治部、总后勤部六部委依据《中华人民共和国兵役法》联合发出《关于高等院校、高级中学进行军事训练试点问题的通知》。《高等院校军事课教学大纲》《高级中学和相当于高级中学军事课教学大纲》同时下发。其中《高等院校军事课教学大纲》强调，通过训练，使学生掌握技术、战术基础知识和技能，提高政治觉悟和爱国主义思想，增强国防观念和组织性、纪律性，扩大知识领域，促进德智体全面发展；提出了军事课教学的指导思想是从现代战争的需要出发，立足我军现有装备，并着眼于发展，紧紧围绕为培养预备役军官打基础这一目的，严格施教，严格训练；并规定了军事课的教学内容分为必授科目和选授科目两项，共128学时。《高等院校军事课教学大纲》的颁布，为在全国顺利开展高等院校军事训练试点工作准备了教学条件，提出的指导思想和构建的具有军事特点的普通高等学校军事课程教学大纲体系，对学校军训工作开展有着重要意义。

国家教委、总参谋部、总政治部认真总结了执行1985年颁发的《高等院校军事课教学大纲》军事课教学实践的经验，按照教育改革的要求，于1986年8月22日，颁发了《高等学校学生军事训练大纲（试行）》（以下简称《军训大纲（试行）》），在训练管理、内容、时间和方法方面做了新的规定和调整，不再区分必授科目和选授科目，分为集中训练科目和分散训练科目，实施的方法分两种形式：一部分学校的学生到部队训练7～8周，然后再在学校训练3～5周；一部分学校的学生由学校采取集中与分散相结合的办法，训练10～13周。

1986年颁发的《军训大纲（试行）》，在教学实践中取得了显著效果，但教学时间安排10～13周显得过长，学校教学计划很难安排，根据各军训试点学校的试点情况，1987年5月，国家教委、总参谋部、总政治部重新修订了《军训大纲（试行）》，对教学时间做了修改，改为7～8周，到部队训练的时间调整为5周，在学校训练2～3周。新大纲的结构体系更科学合理，便于操作。

国家教委、总参谋部、总政治部根据中央关于要在学生军事训练中增加思想政治教育内容的指示精神，结合两年来学生军训的实践，于1987年7月31日印发了新修订的《军训大纲》，对《军训大纲（试行）》进一步做了修订，突出强调了军训的目的要着重提高学生的思想政治觉悟，在训练和教学中必须十分注重对学生进行坚持四项基本原则和坚持改革开放、搞活等党的方针、政策教育，把学生培养成为有理想、有道德、有文化、有纪律的社会主义新人。军训内容增加了解放军优良传统和组织生活。在军训时间上，军事科目与政治教育均为174小时。军事课教学大纲是实施学校国防教育的依据，是军事课程建设的重要组成部分。

为贯彻党的“十四大”精神和兵役法的有关规定，结合几年来学生军训的实际，国家教委、总参谋部、总政治部于1994年5月对试行的《高等学校学生军事训练大纲》再次进行修订，下发了《关于印发新修订的〈高等学校学生军事训练教学大纲〉的通知》。该《通知》要求各学校要把新大纲作为高等学校实施军事训练教学的基本依据，并首次明确要求把军事训练教学作为高等学校学生的一门必修课。要求各级教育部门和军事部门要加强对高等学校学生军训工作的指导，并对高等学校执行新大纲的情况实施检查。高等学校和承训部队要依据新大纲的内容、要求，认真搞好集中军事训练和军事理论课教学，注重提高军事理论课教学质量，切实保证教学的时间、内容、效果的落实。

从1985年国家教育部、总参谋部、总政治部颁发第一部《高等院校学生军事训练大纲》以后，在学生军训实践中不断修改完善，使大纲充分体现了我国国防教育的性质、任务和教育目的的内涵，构建了适合我国学校国防教育特点的课程内容体系，不断探索学生军训的形式方法的改革。

五、法规体系不断完善

随着国家法制建设的不断发展，学校国防教育法规也不断得到完善。1992年2月19日，国家教委颁发了《学校国防教育常规》，对中小学开展国防教育进行了明确规定，这是国家教委根据各地中小学开展国防教育的实践经验，并广泛征求各地教育工作者和专家的意见，经反复研究修改后制定的，为中小学校开展国防教育提供了良好的内容和形式，受到广大师生、家长和社会的欢迎。

1993年2月，中共中央、国务院印发了《中国教育改革和发展纲要》，对学校国防教育工作提出了明确的任务和要求，既充分肯定了学校国防教育在我国教育事业中的重要地位，也将其纳入了90年代乃至21世纪初教育改革和发展的目标与措施，对推进学校国防教育的改革与发展具有重要意义。

1993年10月31日，第八届全国人民代表大会常务委员会第四次会议通过了《中华人民共和国教师法》，确立了学校国防教育教师地位和教书育人的职责，使提高学校国防教育教师待遇，加强学校国防教育教师队伍建设和管理，保障学校国防教育教师的合法权益等有了法律依据，也为学校国防教育教师队伍建设走向规范化、法制化提供了根本保证。

1994年8月，中共中央印发的《爱国主义实施纲要》把国防教育列为爱国主义教育的主要内容之一；1994年8月，中共中央颁发的《关于进一步加强和改进学校德育工作的若干意见》，进一步确立了学校国防教育在学校德育教育中的地位。

1995年3月18日，第八届全国人民代表大会第三次会议通过了《中华人民共和国教育法》，这是我国教育工作的根本大法，也是我国教育法制建设的重要里程碑，教育法规定国防教育是学校教育的重要内容，这为发展我国学校国防教育事业提供了法律依据。

1995年5月10日，第八届全国人民代表大会常务委员会第十三次会议通过《中华人民共和国预备役军官法》。预备役军官法是根据宪法和兵役法制定的关于预备役军官制度的军事法律，共10章56条。它对预备役军官的来源和选拔、职务等级和职务、军衔、培训、待遇、退役、法律责任等，都做了明确规定。预备役军官法的颁布，标志着我国兵役制度和军官制度更加完善，对于增强公民国防意识，依法开展预备役工作，进一步加快建设具有中国特色的国防后备力量体系，完善国家武装力量动员体制，都具有重大深远的意义。预备役军官法的第二章第十条第四款关于从非军事的高等学校毕业生中选拔预备役军官的规定，是提高和完善预备役军官队伍知识结构，加强预备役专业部队建设的重要措施。这对高等学校教育改革和人才培养提出了新的要求。高等学校学生军训的重要目的，就是为毕业生能够成为预备役军官打下基础。预备役军官法的颁布与实施，为高等学校学生军训工作提供了法律依据，进一步促进学生军训工作走上法治轨道。

1999年6月，中共中央、国务院做出的《关于深化教育改革全面推进素质教育的决定》中明确指出："规范国防教育，提高学生的国家安全意识，继续搞好军训工作并使之制度化。"① 进一步提升了学校国防教育在学校教育和社会主义精神文明建设中的地位与作用，为学校国防教育工作跨世纪发展指明了方向。

随着这些法律法规的相继颁布实施，推进了学校国防教育工作不断走上法治轨道。

第三节　军训领导体制

健全的机制体制，是做好各项工作的关键。这一时期，国防部、教育部恢复了对学校军训工作的领导，学校国防教育和学生军训工作的机制体制逐渐完善。

一、国家部委和军事部门加强了对国防教育的领导

"文化大革命"结束后，恢复了由国防部和教育部共同领导学校的军事训练工作，教育部由体育司具体负责，国防部由总参谋部动员部、总政治部群工部具体负责。

1981年12月，《关于高等学校学生军事训练工作几个问题的通知》明确了全国学校军训工作由教育部、总参谋部、总政治部共同领导。

1984年颁布的《中华人民共和国兵役法》，明确规定："高等院校和

① 中共中央文献研究室编撰：《十五大以来——重要文献选编（中）》，中央文献出版社2005年版，第13页。

高级中学学生的军事训练，由教育部、国防部负责。教育部门和军事部门设学生军事训练的工作机构或者配备专人，承办学生军事训练工作。”① 这从法律上明确了教育部、国防部是全国高等院校和高级中学学生军事训练工作的最高领导机构，对确保学校学生军训工作的开展，建立和完善学校学生军训工作领导管理体制，具有十分重要的意义。

1991 年，国家教委设立了学校国防教育办公室，负责主持全国学校国防教育的日常管理工作，解放军总参谋部动员部设专人分管学生军训工作，进一步从组织上加强了对学校国防教育和学生军训工作的领导。

1993 年，国家教委进行了机构改革与调整，原隶属于社会科学与艺术教育司的艺术教育处合并到体育卫生司，改名为体育卫生与艺术教育司。

1998 年，教育部进行机构改革，精简编制，转变职能。体育卫生与艺术教育司行政编制从 27 人减为 12 人，下设体育、卫生、艺术、综合处，并继续保留国防教育办公室，负责学校国防教育工作。

二、省市设立机构对学校国防教育实施领导

“文革”结束后，各级教育部门和军事部门逐步加强了对学生军训工作的领导。许多省市的教育部门和军事部门联合下达指示，要求部分高等学校开设军事课，恢复国防教育。在教育部的推动下，至 1981 年，全国有十多个省、自治区、直辖市的教育主管部门建立了体卫处，配备了专职学生军训工作干部。其他省、市、自治区大部分也配备了专职学生军训干部，并从部队派教员协助学校开展军训工作，使高等学校学生军训工作蓬勃开展起来。

1985 年 1 月，国家六部委下发了《关于高等院校、高级中学进行军事训练试点问题的通知》，对省级教育部门的机构设置和人员编配进行了规定，要求省级教育部门配备 2～3 人，有条件的可设立机构；有试点任务的地区（市）教育部门人员的编配，由省、自治区、直辖市确定。1986 年 8

① 何东昌：《中华人民共和国重要教育文献》第 2 卷，海南出版社 2003 年版，第 2691 页。

月，国家教委、国家计委、劳动人事部、财政部、商业部、总参谋部、总政治部、总后勤部下发《关于加强高等学校学生军事训练试点工作的通知》，进一步明确了学生军训工作机构的设置和所属人员的配备。各省教育部门在实际执行中，一般是在体育卫生处编配一名专职人员负责本地区的学校国防教育工作。各军区、省军区（卫戍区、警备区）分别增编了相应的人员，负责学生军训工作①。

根据兵役法和国家教育部、总参谋部、总政治部等部（委）下发的文件精神，从1985年始，各省、自治区和直辖市相继成立了由主管教育的副省长（副主席、副市长）任组长、省军区（卫戍区、警备区）副司令（或副政委）任副组长的学生军训领导小组。学生军训领导小组下设办公室，一般设在省级教委（教育厅）体卫处或省军区（卫戍区、警备区）军训处，具体负责本地区学校国防教育和学生军训工作的组织领导，负责制定本地区学校国防教育地方法规、发展规划，组织领导高等学校和高级中学军事教员的培训提高工作，以及地方高等学校军事课教材和中小学国防教育读本的编写与国防教育学术研究、群众性国防教育活动的组织。

三、高等学校设立机构对学生军训工作进行组织管理

1976年至1977年间，高等学校负责学生军训工作的组织管理机构，一部分学校设立武保组，一部分学校设立武装部。1978年10月，中共中央下发《关于人民公社、企事业单位专职人民武装干部配备原则和有关问题的通知》中规定：高等学校应设立人民武装部，配备专职人民武装干部并列入本单位编制。此后，全国高等学校普遍设立了人民武装部。自此，全国高等学校学生军训工作均由各学校人民武装部负责组织实施。

1985年学生军训试点工作开展以后，高等学校军训机构逐步健全，大部分军训试点高校设有武装部和军事教研室。各军训试点高校根据国家教委关于机构改革的指示精神，普遍对学校军训机构进行了调整，许多高校

① 何东昌：《中华人民共和国重要教育文献》第2卷，海南出版社2003年版，第2484页。

将学校的武装部与学校保卫处或学生处等职能部门合并；少数学校撤销了武装部，学生军训工作由其他职能部门负责。在机构调整过程中，也有一些军训试点高校按照国家八部委《关于加强高等学校学生军事训练试点工作的通知》中关于学生军训机构设置的规定，保持了学校武装部机构。高等学校军训机构的调整，对学校学生军训工作的组织管理产生了一定影响，国家教育部和许多省市教育行政部门军训领导机构对高等学校军训机构调整后几年的实践进行了认真调查研究，针对高校学生军训工作出现的问题，下达了要求军训高校保持武装部机构健全稳定的通知。

1999 年 7 月，教育部办公厅下发《关于做好 1999 年学生军训工作的通知》指出："近来，由于高校管理体制的调整变化，部分军训高校的学生军训工作出现了一些新的情况和问题。""各地和军训高校仍应按照国家有关学生军训工作的要求，组织实施学生军训工作。""对不按有关要求实施军训的高校要及时予以指出和纠正。"还要求："各军训高校要注意减少或避免因高校管理体制变化而对军训工作带来的影响，保持军训组织机构健全、干部教师队伍稳定。"① 教育部有关文件下发后，一些省也下达了文件，要求军训试点学校保持军训机构稳定。

在试点过程中，从国家层面到各个地区、学校都根据情况的变化，不断健全完善军训工作的组织领导机构，保证了学校国防教育和学生军训工作能够有序稳定地进行。

第四节 国防教育活动

"文革"结束以后，学校国防教育开始得到恢复和发展，除对学生进行军训外，各地区各院校结合自身的特点，采取了多种形式进行国防教育。

---

① 何东昌：《中华人民共和国重要教育文献（增补本）》，海南出版社 2003 年版，第 326 页。

一、创办少年军校

改革开放后，河南省商丘市团委和驻军某部十分重视对中小学生进行国防知识教育，经常组织学生到军营参观，对学生进行革命传统教育。双方为了把对少年学生的爱国主义教育和国防知识教育纳入规范化、经常化的轨道，决定创办一个对少年学生进行国防教育的基地。1984 年初，我国第一所少年军校——商丘市少年军校诞生。时任国防部长的张爱萍为商丘市少年军校题写了校名，并题词“爱我中华，保卫祖国”，对少年军校予以勉励；新华社、《人民日报》、《解放军报》、中央电视台等多家新闻单位做了报道，产生了广泛的社会影响。此后，全国各地纷纷开始建立少年军校。

少年军校的创办是对少年学生进行国防教育的好形式，并在全国各地迅速发展。

1991 年 12 月 17 日至 19 日，中国少年先锋队全国工作委员会办公室、国家教委学校国防教育办公室、中国关心下一代工作委员会办公室联合在浙江省宁波市召开了全国部分省市少年军校工作座谈会。参加这次会议的有来自河南、浙江、山东、河北、广东、四川、新疆等七个省区教委、少工委和部队的代表，国家教委和总政组织部有关同志出席了会议。会议主要交流了创办少年军校工作的经验和发展少年军校工作的设想，观看了宁波市江东区少年军校 13 所分校的分列式表演，参观了宁波市东海少年军校和宁海县少年军校。这次会议是少年军校创办以来第一次召开的少年军校工作座谈会。通过交流、参观和座谈，对创办少年军校的意义达成了共识，对少年军校的发展方向进行了探讨，对推动今后少年军校的发展提出了许多建议，提出了少年军校的下一步工作设想，为全国少年军校的进一步发展奠定了基础。

为了进一步推动少年军校的发展和活动的开展，自 1994 年 7 月至 1998 年 11 月，共青团中央、国家教委（教育部）、解放军总政治部、全国少工委先后三次发布决定，对先进少年军校进行表彰。1999 年 1 月，全国少工委为了推动少年军校健康发展，使之逐步走向系统化、正规化和科学化的轨道，在北京“全国少年儿童房山实验营地”建立了中国少年军校总校。

这一时期，各地少年军校坚持贯彻党的教育方针，以培养跨世纪人才和全面提高少年儿童素质为目标，不断丰富活动内容和形式，组织和吸引大批少年儿童到少年军校接受教育和锻炼，发挥了少年军校国防教育基地的作用。

二、开展国防体育活动

国防体育，是体育运动的分支，是从国防需要出发，并寓于整个国民体育之中具有军事特色的群众性体育活动。

从适应国防现代化建设的需要出发，按照军事训练的要求，为了培养学生勇敢顽强、团结协作的品德，提高军事技能，强健体魄，丰富高校国防教育和体育训练内容，许多学校根据实际开展了各种国防体育竞赛活动，丰富了学校国防教育和军训内容。国防体育项目分为以下几类：一是强身性项目。这是最具普遍性的体育活动，内容几乎包括各项全民性的体育活动，如田径、球类、体操、游泳、划船、举重等。这些项目以提高学生的体力、速度、耐力、柔韧和灵敏协调性为目的。二是适应性项目。如军事野营、拉练、爬山、攀登、定向越野、武装泅渡等，以提高学生的生存能力和自我保护能力为目的。三是技能性项目。如具有代表性的军事五项，即射击、障阻、游泳、投弹、越野。再如跳伞、航模、通信、无线电等。

学校国防体育竞赛活动，一般寓于学校体育活动之中，普遍利用早操、课间操进行，也有的利用运动会设国防体育运动项目，也有的组织专项比赛。如北京市每年都组织清华大学等学校开展越野比赛和射击比赛等；有些省市学校组织了克服障碍、武装泅渡、军体拳等比赛；有些省市组织学生参加全国性或各省市组织的航模、船模、跳伞等国防体育竞赛活动。

国防体育竞赛活动，增强了学生热爱集体、团结友爱、奋发向上的精神，培养了学生坚毅、勇敢、顽强的意志品质和组织纪律性，激发了学生参加军训的积极性。

1995 年 8 月 6 日，在吉林省吉林市召开中国大学生国防体育协会成立大会，并同时确定设立中国大学生国防体育节。该协会是国家教委学校国防教育办公室和中国大学生体育协会直接领导下的一个群众性社团组织。国防体育协会成立后，在国家教委学校国防教育办公室和中国大学生体育协会的领导与支持下，积极组织开展学校国防体育竞赛活动，多次举办定向越野、射击等比赛，为促进高校国防体育运动的发展，提高运动技术水平，增强青年学生的国防意识和技能，发挥了重要作用，在国内外都有较大影响。

各省、自治区、直辖市学生军训领导小组，根据本地区情况，普遍组织高等学校、高级中学和初级中学、小学利用暑假举办“军事夏令营”。有条件的学校也自行组织“军事夏令营”（有的学校还组织“军事冬令营”）。“军事夏令营”活动走出学校，接触社会，内容丰富，通常组织学生野营拉练，参观爱国主义教育基地，举行军事项目竞赛等活动。

三、举行学生军训成果表演

许多省、自治区、直辖市军训领导小组为了展示学生军训成果，利用全国性、地区性的重大活动，或专门组织，多次举行学生军训成果表演，例如，1992 年 9 月 29 日，在武汉市召开的第四届大学生运动会开幕式上，湖北省武汉市 10 多所高等学校学生进行了分列式表演；1995 年 10 月 15 日，北京市举行庆祝学生军训 10 周年大会，北京市和北京军区主要领导出席大会，并检阅受训学生方队，方队进行了分列式表演。

另外，为了增进学生的国防知识，推动学校国防教育的发展，许多地区和学校举办了多种形式的国防知识竞赛，并广泛发动和组织广大青少年学生参加全国性国防知识竞赛活动。例如，1984 年 5 月至 8 月，解放军总参动员部、总政群工部和人民日报社、解放军报社等 71 家单位联合举办的迎接建国45周年全国国防知识竞赛，许多高等学校组织学生参加；1999年，发动和组织各级各类学校参加了全国“保卫21世纪中国——迎国庆万校国防教育活动”。

丰富多彩的国防教育活动，进一步拓宽了学校国防教育形式，达到了寓教于乐的目的，深受广大青少年学生欢迎。

第五节 学生军训试点

为贯彻落实新《兵役法》，加强学校国防教育工作，党中央、国务院和中央军委决定再次组织开展学生军训试点。1985年初，教育部、劳动人事部、财政部、总参谋部、总政治部、总后勤部联合发出了《关于高等院校高级中学进行军事训练试点问题的通知》，“决定从1985年9月开始，在全国50所左右高等院校、100所左右高级中学和相当于高级中学的学校，进行学生军事训练试点”。① 在教育部及各级教育行政部门的周密安排和精心组织下，全国高等院校的学生军训试点工作于同年9月顺利展开，这是继1955年学生军训试点以来，第二次组织开展全国学生军训试点工作。

一、学生军训试点工作的指导思想和目的

1986年8月，国家教委、国家计委、劳动人事部、财政部、商业部、总参谋部、总政治部、总后勤部联合下发《关于加强高等学校学生军事训练试点工作的通知》，明确指出：“对高等学校学生实施军事训练，是学校改革教育内容，培养‘四有’人才的一项重要措施；是学生履行兵役义务，接受国防教育的基本形式。通过军事训练，使学生提高思想政治觉悟，激发爱国热情，发扬革命英雄主义和集体主义精神，增强国防观念和

① 何东昌：《中华人民共和国重要教育文献》，第2卷，海南出版社2003年版，第2253页。

组织性、纪律性，掌握基本军事知识和技能。从而造就坚持社会主义方向的高级专门人才，为中国人民解放军训练后备兵员和预备役军官打好基础。”① 此通知，给学生军训进行了准确定位，阐明了学生军训与学校教育改革、全民国防教育、高校人才培养，以及训练后备兵员之间的相互关系，指明了学生军训的根本目的。这是在总结建国以来学生军训试点工作经验教训的基础上，及时针对开展学生军训工作后存在的问题，进一步为学生军训试点工作确立的指导思想和目的，从而保证了改革开放后学生军训试点工作沿着正确的方向发展。

为进一步加强对大学生的思想政治工作，中央决定自1989年开始安排北京大学、1990年安排复旦大学新生到军队院校进行为期一学年的军政训练。北京大学89级新生（约800人）、90级新生（1600人），复旦大学90级新生（1500人），被安排到有关陆军学院进行了一学年的军政训练。1991年7月15日至17日，国家教委和总参谋部在河南信阳联合召开了北京大学、复旦大学新生军政训练工作总结会议，充分肯定两校新生进行一学年的军政训练对培养革命事业接班人具有重要意义。

1993年2月北京大学、复旦大学向国家教委呈报了调整军政训练的请示，其中建议将两校新生为期一学年的军政训练调整为同其他重点高校一样的大学生军训。国家教委原则同意，并经国务院办公会议研究，认为学生军训是国防教育的重要形式，是学校教育的组成部分，是培养社会主义建设者和保卫者的必修课程，应长期坚持，决定北京大学、复旦大学今后将同全国其他重点院校一样，对学生进行短期军训。

二、试点学校和保障措施

1985年国家确定清华大学等第一批被列入试点的52所高校和102所高级中学和相当高级中学的学校，从当年9月开始首批进行学生军训试点。1986年试点的高等院校从52所扩大到69所，其中中央部属院校35所，

① 何东昌：《中华人民共和国重要教育文献》，第2卷，海南出版社2003年版，第2483页。

省属院校34所；这些院校中，综合大学17所，理工科院校27所，师范院校13所，医科院校6所，其他财经、农业等院校6所。1987年试点高等学校从69所扩大到105所。1988年试点的高等学校由105所增加到143所。1989年以后直至1995年试点高等学校保持143所。列入省级以上教育行政部门计划的军训试点高级中学和相当于高级中学的学校超过300所。与此同时，全国还有数百所高校、数千所高级中学和相当于高级中学的学校，虽然未被国家教委或各级教育行政部门列入试点学校，但他们自筹经费，自己联系承训部队，坚持不懈地组织学生开展军训，或以不同的形式加强对学生的国防教育，成果显著。1995年，原国家教委又从全国数百所自行组织军训的非试点高校中，挑选出14所表现优秀的学校作为扩大对象，从而使军训试点高校达到了157所。每年仅试点高校的参训学生就达15万人。

各军训试点高等学校普遍设立了军事教研室，有些军训试点高级中学设立了军事教研组，选配了专职或兼职军事教员；普遍把学生军训纳入教学计划，按照《教学大纲》的要求施训，并建立起较严格的考核检查制度；逐步建设了必要的军事教学设施，军训所需的经费、武器、弹药等得到了基本的保障。除军训试点学校外，许多大、中学校还自行安排军事训练，或在教学活动中增设军事教学内容，对学生进行了生动活泼的国防教育，受到广大师生的欢迎。

1989年7月，国家教委体卫司军训处邀集清华大学等八所军训试点高等学校，在江苏省舟山市召开了军事专用教室建设专题会议，探讨了建设军事专用教室的意义和模式，统一了思想，研究了措施。这次会议推动了高等学校军事专用教室建设。1989年8月26日，国家教委、总参谋部、总政治部下发的《关于1989年学生军训有关问题的通知》中要求“学校要加强军事理论课教学条件的建设”①。此后，许多军训试点高等学校逐步建设军事专用教室，有的学校还建设了“国防教育馆”，如浙江大学建设了有300个座位的军事专用教室和由国防部长张爱萍同志题写馆名的“国

① 何东昌：《中华人民共和国重要教育文献》，第2卷，海南出版社2003年版，第2879页。

防教育馆”。到 1999 年，57 所高校中有 34 所学校建设了专用军事教室。这些专用教室条件都比较好，电化教学手段比较齐全，有利于军事课形象化教学，提高教学质量。

为保证学生军事训练工作的落实，许多省市还创建了学生军训基地。如 1990 年 4 月，北京市在昌平筹建高等学校学生军训基地，当年 6 月基地启用并承担了 7 所大学的集中训练任务。1990 年 12 月，北京市在大兴县建立了第二个学生军训基地。军训基地的建立较好地解决了学生集中训练缺场地、缺教员的困难，改善了学生军训环境和条件，使学生集中训练有计划、分期分批组织实施，保证了学生军训工作的落实。

经费也是学校军训工作顺利开展的保证。为此，国务院、中央军委有关部门要求学生军训试点所需经费，按试点学校领导隶属关系和现行财政管理体制，分别列入中央和地方的教育事业费或各部门事业费的学校经费预算，以保证军训试点工作的正常开展。对军训经费的列支项目和标准也都做了明确规定。如 1989 年 8 月 26 日，国家教委、总参谋部、总政治部《关于 1989 年学生军训有关问题的通知》规定：“学生在部队训练 5 周的训练补助费，由学校按照每个参训学生 50 元的标准，统一拨给承训部队，包干使用。学校要重视和加强军事理论课教学条件的建设。学生军训经费必须专款专用，不准挪作他用，坚决杜绝乱收费现象。”①

自 1985 年学生军训试点工作开始后，国家财政每年都拨出专款给予部、委所属试点高校补贴，各级政府对这项经费都做了妥善安排，承训部队给予了大力支持，基本上保障了学生军训试点工作的开展。

三、军训的主要形式

1987 年国家教委和解放军总政治部规定，在校大学生军训采取高校自己场地训练和到部队驻训相结合的方式进行，由于各地区、各学校的实际情况不同，加之部队和学生军训基地承训能力有限，各地在学生军训形式

① 何东昌：《中华人民共和国重要教育文献》，第 2 卷，海南出版社 2003 年版，第 2879 页。

上不断探索了一些适合本校特点的形式。从实践看，高校学生军训的形式主要有：

一是到部队驻训。即新生入学后第一学年统一组织他们到部队，由部队组织训练。这种训练方式与部队官兵同吃、同住、同训练，军训气氛浓，训练效果好，又可以解决学校教官有限，场地不足，器材缺乏等困难。但组织难度大，且投入的人力、物力、财力耗费甚大，难以全面展开。同时，学生大量进驻军营，必然在一定程度上影响部队的战备、训练等任务的完成。

二是在本校训练。这种形式是全国军训高校采取较为普遍的一种。其优势是：有利于学校教学计划的安排，能够更好地将军训与思想政治教育相结合，医疗卫生保障和伙食住宿问题等比较好解决。不利因素是：多数高校训练场地少，选派部队教官难，靶场和训练器材不太好解决，尤其是在训练的氛围和效果等方面，与去部队军营训练有一定的差距。实践中，有些高校为了解决选派部队教官难的问题，采取了自筹自训，即利用校内已有的部队转业干部和曾参加过军训的高年级学生骨干作为教官组织训练，取得了一定的效果，但其弊端与不利因素也十分突出。

三是利用军训基地集训。基地机构健全，设施齐全，教员素质好，管理严格，施训效果好又解决了各高校集中训练中场地、器材、设施及教官不足等难题，受到高校欢迎，但由于点少校多，承受能力有限，以及地方教育行政部门的经费投入问题、部队教官的派遣问题、基地的建设、维修与管理问题等，难以满足多数学校的愿望。

四是集中与分散相结合。按军训大纲要求，在大学一、二年级以分散安排形式，完成60～70学时的军事理论教学，在部队或军训基地完成3～5周集中训练规定的科目，如轻武器射击和分队战术科目等。

五是“半军事化管理”。在一些涉外、交通、航海、警察学校中，由于行业的特殊要求，通常把军训融入日常的管理中。

高级中学和相当于高级中学的学生军训，一般在校内进行。按教学大纲规定，在一、二学年内采取与其他课程穿插进行的方式，完成72学时的军事课教学；此外，还要利用假期，安排10天左右的集中训练。有条件的学校，也可自行联系到部队进行参观或进行短期培训。

高等学校按照学生军训大纲规定对参训学生集中训练期间实行军事化管理。1994 年 5 月 6 日，国家教委、总参谋部、总政治部联合下发《高等学校学生军事训练教学大纲》，明确规定："集中训练期间，要以中国人民解放军条令、条例为依据，对参训学生实行军事化管理，建立健全相应的领导、训练和管理体制，制定各项规章制度，严密组织、严格训练、严格管理，使学生在军事生活环境中经受锻炼，掌握基本的军事技能，培养良好的军人素质和作风。"①

在学生集中训练期间，各校都按《兵役法》、有关文件规定和学生军训大纲的要求，建立了健全的军训组织领导机构。一般是学校成立军训领导小组或军训指挥部，下设军事训练指挥组、思想政治工作组、后勤保障组等训练和管理体制。军训领导小组组长一般由学校主管领导担任，副组长由承训部队主管领导和学校武装部、学工部等有关部门领导担任，负责全校集中训练的组织领导工作。军训期间，参训学生按部队编制成立军训团、营、连、排组织，进行严格训练、严格管理。

依据中国人民解放军"三大条令"，结合各学校的实际情况，高校普遍建立健全了学生军训工作的规章制度。比如：清华大学制定了《清华大学学生集中训练条例》《清华大学学生校内军训若干管理细则》等规章制度，北京大学制定了《北京大学学生军训规则》等。健全的学生军训管理制度，有效保证了军事训练的顺利进行。

自 1985 年 9 月全国学生军训试点开始，各学校在集中训练期间还要求学生统一服装、佩戴统一标志。为推进学生军训制度化、规范化建设，维护军训与教学严整性、统一性，国家教委学校国防教育办公室于 1996 年 1 月下发《关于高等学校学生军训实行"三统一"的通知》，指出："经与总参、总后有关部门研究决定，自 1996 学年开始，全国军训高等学校军事训练实行'三统一'，即参训学生着统一军训服装，佩戴统一标志，军训结束后颁发统一的《军事训练证书》。"这一通知的精神虽然没有得到全面

① 何东昌：《中华人民共和国重要教育文献》，第 3 卷，海南出版社 2003 年版，第 5658 页。

贯彻，但对军训中参训学生统一着装和佩戴统一标志的实施起到了积极的推动作用，对增强参训学生的责任心和荣誉感，加强军训工作的管理，发挥了重要作用。

四、军事课教材建设

为了保证高等学校学生军训试点工作的实施，教育部、总参谋部、总政治部组织并委托中国人民解放军济南军区陆军学校为主编单位，于1984年组成了47名有关专家、教授参加的军事课教材编写组，编写了《高等院校军事课教材》（试用本），并于1985年5月由解放军出版社出版发行。该教材编写的依据是1985年1月颁发的《高等院校学生军事课教学大纲》，教材分上、下两册，上册包括：军事思想、中国人民解放军简史、中国人民解放军条令、军兵种知识、现代军事科学知识、现代战争特点、战时动员、轻武器射击训练等内容；下册包括：军事地形学、外军研究、连以下战术和部队机关工作等内容。

1986年和1987年，国家部门组织了四个组分别对四个地区的高等学校学生军训情况进行调研，认真听取和收集各地区和学校对使用1985年版军事课教材问题的意见，并经与总参谋部、总政治部研究决定，按新大纲修改出版军事课教材。

1987年10月，教育部、总参谋部、总政治部组织并委托中国人民解放军国防大学为主编单位，依据1987年5月颁发的《高等学校学生军事训练大纲》编写军事课教材，并于1988年5月由解放军出版社出版发行。新编出版的高等学校军事课教材，分上、下两册。上册七章，为集中训练内容，包括：中国人民解放军优良传统、共同条令、军兵种知识、“三防”知识、轻武器射击、军事地形学和战术等；下册七章，为分散训练内容，包括：军事思想、兵役法基本知识、战时动员、现代军事科学技术知识、现代战争特点、外军研究和现代国防等。

由于各类学校专业特点不同，学生培养目标要求不一样，学生军训试点学校和非试点学校又有区别以及其他各种因素，因此各地和有关部

（委）的学校，普遍根据本地区或专业特点的实际情况，依据军训大纲，进行部分调整，编写出版适合本地区、本学校专业特点的军事课教材，并且进行交流。

1995年7月由高等教育出版社出版发行了《军事学教程》，这是由国家教委、总参谋部、总政治部成立的《军事学教程》编辑委员会，并选调人员组成高等学校《军事学教程》编写组，依据《中国教育改革和发展纲要》和《高等学校军事训练教学大纲》，重新编写、审定的全国高等学校统编教材。新编出版的《军事学教程》吸收了最新军事理论和军事思想研究成果，反映了军事高技术和高技术战争的发展趋势，对大学生学习军事理论，接受军事教育和高等学校实施军事理论课教学，提高教学质量具有重要作用。

五、成立军事教学指导委员会

1996年，国家教委根据全国普通高等学校军事理论课教学试点工作开展十年的情况，为加强军事学科建设，提高军事理论教学质量，使普通高等学校军事理论课教学逐步规范化，决定成立全国普通高等学校军事教学指导委员会，经各地教育行政部门和高等学校推荐，国家教委研究确定聘请人选，并于1997年4月下发《关于成立全国普通高等学校军事教学指导委员会的通知》，正式成立了全国普通高等学校军事教学指导委员会，制定了《全国普通高等学校军事教学指导委员会工作章程》。

1997年11月，全国普通高等学校军事教学指导委员会在上海市华东师范大学召开工作会议。研究并确定了全国普通高等学校教学指导委员会的各项业务的分工；制定了指导委员会的工作规划和1998年工作计划；研究讨论了高校军事教学中存在的主要问题，提出相应的对策；并明确了如何加强教材和师资队伍建设，提高军事理论课教学质量。

全国普通高等学校军事教学指导委员会成立后，在国家教委学校国防教育办公室领导下，积极开展工作，认真履行《工作章程》中规定的任务和职责，包括编写《普通高等学校军事教学指导纲要》，对加强学校国防教育学科建设，提高军事训练教学质量，促进学校国防教育制度化、规范化，起到了积极作用。

第六节 师资队伍建设

军事教师是履行国防教育职责的专业骨干人员，根据《兵役法》和有关文件规定，全国军训试点的高等学校，普遍设立了军事教研室，与学校人民武装部合署办公，为一个机构两个名称。在主管校领导的领导下，由部队派遣军官到学校任军事教员和学校配备的专职军事教师共同组成学校国防教育教师队伍，承担学校军事理论课和军事技能课的教学任务，对于提高学生军事教学质量，为学校军训试点工作的开展发挥了重要作用。

一、军队抽调干部担任学校军事教员

1986 年 7 月，中国人民解放军总政治部向各军区、各军兵种、国防科工委、各省军区政治部下发了《关于抽调干部帮助高等学校进行学生军事训练试点有关问题的通知》，明确指出："担负地方高等学校学生军训任务的干部，原则上从部队、机关、院校的编余干部中择优选调，可从院校抽调一些在职教员作为教学骨干。"抽调教员数量"原则上按该校应编军事教员数配备"。要求抽调的干部"政治思想觉悟和政策水平较高，能在思想上、政治上同党中央保持一致；有较好的军事素质和组织教学能力，能担任两个以上科目的军事教学任务；自觉遵守党和军队的纪律，作风正派，具有高中以上文化程度；身体健康"。"抽调的干部，由学校所在省、自治区、直辖市的省军区（卫戍区、警备区）进行短期业务培训，于 8 月 25 日前到学校报到。"

1987 年 5 月，国家教委和三总部下发的《关于 1987 年学生军训有关问题的通知》中要求："去年临时抽调到学校担任军事教员的军队干部，

要继续担负所在学校的军事课教学任务，对个别不适合担任教学工作的可做调整，但总人数应保持去年的定额。今年新增加的试点学校所需军事教员，由各军区、国防大学抽调。”“各试点高校，对已配备的专职军事教员，要注重培养和提高，少数不适合担任军事课教学的，可做适当调整。今年暂缓增配专职军事教员。”

1988年3月，国家教委在下发的《关于普通高等学校学生军事训练的实施意见》中指出：“根据兵役法关于高等学校配备军事教员的规定，部队派出现役军官到学校任军事教员。为保证质量，提高效果，军事理论课教员，应贯彻专职、兼职相结合的原则，专职军事教员由派遣的军官和学校已配的专职军事教员组成，派遣的军事教员应尽可能从军事院校选拔。派遣的军事教员与参训学生的比例为1比200，教辅人员则由学校相应配备。”

自1986年开始，部队根据上述文件规定和要求，陆续派遣到学校任军事教员的军官达893名。许多部队、军事院校还设立专门机构，负责军训试点学校的军事课教学，例如：国防大学专门成立了“学生军训工作办公室”，配备专职军事教员，负责北京市24所大学的军事理论课教学，为推动北京市高等学校学生军训工作的顺利进行做出了积极贡献。

二、学校自主培养军事教师

各级教育部门和军训试点高等学校，会同有关部门积极进行军事教师的选配工作，并配合军事部门搞好教师的培训提高，逐步建立起一支适应军事教学和训练任务需要的专职与兼职相结合的军事教师队伍。

1987年5月，国家教委、总参谋部、总政治部下发的《关于1987年学生军训有关问题的通知》就军事教员的问题指出：“各试点高校，对已配备的专职军事教员，要注重培养和提高，少数不适合从事军事课教学的，可做适当调整。今年暂缓增配专职军事教员。”① 截至1987年，我国

① 何东昌：《中华人民共和国重要教育文献》，第2卷，海南出版社2003年版，第2610页。

试点的高等学校国防教育专职军事教师已达 250 余名。这支刚刚建立起来的军事教师队伍与部队派遣的教官一起承担起我国学校学生军训的试点工作任务。

各军训高校在实践中不断摸索和总结教师队伍建设的经验，逐步采取了多渠道的选配方法：一是从高等学校热爱学校国防教育的优秀毕业生中选配；二是从教师队伍中选配；三是从军队转业干部中挑选本科以上学历的同志担任军事教师。各军训高校普遍根据学校军事教师队伍的实际情况，采取了多种形式和方法提高教师的学历层次和教学水平，由于学校重视，把军事教师的培养列入学校整体计划并给予积极支持，军事教研室认真组织，军事教师队伍素质有了明显提高。但也要看到，相比其他学科专业教师，学校配备的专职军事教师从总体上来说学历普遍偏低，部分任课教师没有列入教师序列，军事教师职务评聘较难，直接影响了军事教师的积极性和队伍的稳定。特别是军事教师没有专门的培养渠道，直接影响了军事教师的培养和师资来源，这是当时高校学生军训工作亟待解决的问题。

为解决学校军事教师的成长问题，1988 年 4 月，国家教委下发的《关于普通高等学校军事训练的实施意见》规定："高校已配的专职军事教员符合教师任职条件的可评聘教师职务；不具备条件的，可任命相应的行政职务。"由于高等学校军事课被列为必修课程的时间较晚，没有建立起学校国防教育教师职称评审系列。因此，当时高等学校军事教师评聘教师职务主要挂靠以下三个系列进行：一是政治教育和德育系列；二是行政管理系列；三是军事教育系列。据 1991 年统计，全国高等学校已有专职军事教师 295 名，其中评聘副教授 8 名、讲师 30 名。

随着国家教育法规和学校国防教育法规的不断完善，开展军事训练的高等学校逐步把军事教师纳入学校教师系列，从而确立了军事教师的地位并明确了其教书育人的职责，提高了军事教师的待遇，加强了军事教师队伍的建设和管理，使军事教师可以依据《教师法》保障自己的合法权益。

三、培训军训骨干和军事教员

1984年9月25日，教育部、总参谋部、总政治部下发《关于确定学生军事训练试点学校和培养军训骨干的通知》，其中规定："确定试点学校，要选择领导和师资力量比较强，高等院校最好是编有武装部，并进行过军事训练的不同类型的学校。""选送培训人员的名额和条件。省、自治区、直辖市教育部门各参加1人，试点高等学校各3人。""参加人员要具有一定的军政素质和组织教学能力，并热爱学生军训工作。"参加培训人员来源，"可从教育部门和试点学校现有工作人员、教员中调配，也可从部队转业干部中挑选"①。

1985年2月，教育部、总参谋部、总政治部下发《关于为学生军训试点学校集训军事教员事》的通知中指出："根据教育部、财政部、劳动人事部和总参谋部、总政治部、总后勤部关于'高等学校、高级中学进行军事训练试点问题'的通知精神，为9月份在全国部分学校进行学生军训试点准备好师资力量，请各军区、省军区对试点学校的军事教员进行一次短期集训。"② 通知中要求训练内容按军训大纲科目进行；训练时间可从6月中旬开始，至迟8月中旬结束，40～50天；承训单位由军区陆军学校承担，也可由省军区教导大队负责集训，还可请就近驻军代训；训练经费根据试点学校隶属关系，分别由中央和地方学生军训经费给予补贴等。此后，各地军事部门按通知要求对试点学校的军事教员进行了短期培训，为试点工作顺利开展做好了师资力量准备。

从1985年开始实施学生军训试点工作后，各军训试点学校军事教师的选配主要是从军队转业干部中挑选。由于历史的原因，这批军事教师中多数人的学历偏低，影响了这支队伍的发展。为了提高军事教师队伍的素质，1985年3月至6月，总参谋部、总政治部委托解放军南京、桂林、济

① 何东昌：《中华人民共和国重要教育文献》，第2卷，海南出版社2003年版，第2181页。
② 何东昌：《中华人民共和国重要教育文献》，第2卷，海南出版社2003年版，第2258页。

南三所陆军学校举办了一期军事教员培训班，训练内容是按1985年颁布的《高等院校军事课教学大纲》和《高级中学和相当于高级中学学校军事课教学大纲》编列的课题，重点进行教学方法训练，要求使受训人员达到会讲、会做、会组织学生训练。第一批试点的高等院校选配的150名教师和高级中学选配的100名教师参加了培训。通过培训，受训人员除了学会必要的军事知识和技能外，培养了独立的教学能力，基本达到了会讲解、会操作、会示范作业、会组织教学。

1989年9月，国家教委根据高校国防教育师资状况，为了进一步提高大专院校国防教育师资质量，在山东师范大学举办了全国高等学校国防教育师资专业证书教学班，招收了一批年龄在35岁以上、高中毕业文化程度、具有五年以上（含在军队工作时间）人武工作和军事教学工作经验、思想品德好的军训试点高校从事军事课教学的人武工作的在职人员。学员学完教学计划规定的全部课程，经考试成绩合格者，均发给了成人高等教育专业证书，即证明学员已达到本岗位所要求的大专层次专业知识水平，并作为学校国防教育系统内评定、聘任专业技术职务、管理职务任职资格的依据之一。

随着我国教育改革的深入发展，教师的学历结构、职称结构和年龄结构已经成为评价教师队伍素质高低的主要指标。为了能较快改变军事教师队伍由于历史原因所形成的学历偏低的现状，国家教委经与总参军训部协商，于1992年初委托中国人民解放军军事教育学院为军训试点高等学校、高级中学举办了国防教育专业的大专起点教师本科班。1992年9月，国家教委鉴于全军院校精简整编、任务调整，决定该班改由中国人民解放军军事教育学院与河北师范大学联合承办，教学工作由中国人民解放军军事教育学院和河北师范大学共同负责，学籍管理按河北师范大学有关规定执行。此班招生对象是在国家教育委员会和省级教育委员会批准军训试点的高等学校、高级中学中工作两年以上，45岁以下，已获得大学专科以上学历或在国家教委指定的高等学校学习获得成人高等教育师资专业证书的专职、兼职教师，并经所在学校（单位）推荐。学员学完规定的全部课程考试及格，由中国人民解放军军事教育学院发给相应的毕业证书。

1998 年 3 月，由国家教委学校国防教育办公室组织，在武汉大学举办了第一期全国军事理论课教师培训班，160 名军事教师参加了培训。培训班聘请军队和地方高等院校的专家、教授举办讲座和教学方法示范讲课，受到了学员的好评，对提高军事教师教学水平起到了积极的作用。

1998 年 8 月，由国家教委学校国防教育办公室组织，在大连理工大学举办了第二期全国军事理论教师培训班。170 多名军事教师参加了培训，培训班不仅请军事科学院的军事专家和地方高等学校的知名教授举办讲座，进行军事理论课示范讲课，组织座谈、讨论，还组织学员到旅顺爱国主义教育基地参观学习，使受训学员提高了军事理论素养和教学水平。

为了不断提高军事教师队伍的素质，各地的国防教育领导小组也普遍加强了对本地区高等学校军事教师的培训工作，有组织、有计划、有步骤地举办各种形式的军事教师培训班。如北京市学生军训领导小组于 1987 年 4 月，委托北京体育师范学院成立了“北京市军事教员培训中心”，从 1987 年起连续 9 年有计划、有针对性地举办军事教师培训班和军事理论讲座，并多次组织军事教师到部队或外省（市）参观学习。湖北省学校国防教育协会成立后，每年都有计划地举办军事教师培训班或组织参观学习活动。

由于军事教师队伍被纳入学校教师队伍实施管理，各级教育部门加强了军事教师培养和培训工作，使军事教师的教学水平有较大的提高，年龄结构、知识结构、职称结构趋向合理，军事教师队伍建设逐步规范化、制度化。随着国防教育及学生军训工作的不断深入，学校国防教育师资队伍逐步扩大，教师素质和教学水平不断提高。

第七节　检查评估和经验交流

为检查总结交流经验，发现和解决存在的实际问题，进一步加强学生军训工作，提高军事课教学质量，促进学生军训工作向制度化方向发展。学生军训试点工作开展后，国家教委和一些有军训试点任务的省、市教委均十分重视军训试点的检查评估和经验交流，积极开展学校国防教育科学研究并先后多次召开不同形式、不同内容的经验交流会和座谈会。

一、对试点情况进行检查评估

为推动高等学校学生军训试点工作深入开展，国家教委学校国防教育办公室于1991年6月决定对全国141所军训试点高校（不含北京大学、复旦大学）的学生军训工作进行检查。检查目的是总结、交流经验，发现和解决存在的实际问题，进一步加强学生军训工作，提高军事课教学质量，促进学生军训工作向制度化方向发展。检查内容是1985年以来试点高等学校学生军训工作的组织领导、军事理论课教学与集中军事训练、经费及训练保障、安全防事故等情况。检查工作分两阶段进行：第一阶段，1991年底前在学校自查的基础上由各省、自治区、直辖市教育行政部门组织普查；第二阶段，从1992年开始由国家教委组织逐省检查。

为切实搞好这次检查工作，国家教委学校国防教育办公室在下发检查通知之前，研究制定了《高等学校学生军训工作检查标准（征求意见稿）》，并于1991年3月下发，要求各省、自治区、直辖市教委、高教局，组织有关学校征求意见，并参考这个标准，选择一所高校进行试查，将修改意见于同年5月底前报国家教委学校国防教育办公室。

国家教委学校国防教育办公室于1991年5月20日至6月4日，在辽宁大学举办了各省、自治区、直辖市教育行政部门军训专干参加的检查工作培训班，对检查内容和方法进行了学习讨论，提高认识，统一标准，并组织有关专家制定了《高校军训工作检查细则》。1991年底，各省、自治区、直辖市教育行政部门都按照要求，在各军训试点高等学校自查的基础上组织普查，完成了检查工作。

为做好对各地试点高等学校学生军训工作的检查评估工作，国家教委于1992年2月下发了《全国高等学校学生军训试点工作检查细则》，要求各省、自治区、直辖市教育行政部门和军训试点高等学校做好准备，并要求各军训高校也参照此细则进行经常性的自查、自评，不断提高学校国防教育的教学和管理工作。

国家教委于1992年6月组织了3个高校军训试点工作检查组，先后对17个省（市）约40余所高校军训工作进行了抽查，进行了质量评估。这次检查评估工作是1985年以来国家教委首次组织的对全国高等学校学生军训试点工作检查，得到了各地教育行政部门、军事部门和军训试点学校的重视和配合，取得了较好效果。根据检查评估结果，国家教委学校国防教育办公室于1992年8月下发《关于表彰高等学校学生军训工作先进单位的决定》，表彰了清华大学等40所学生军训工作较为突出的高等学校，并于1993年3月，在云南民族学院召开了全国高等学校军训工作表彰会。

全国部分省、自治区、直辖市的学校国防教育领导小组和教育部门都经常有计划、有组织地对本地区军事教学和管理工作进行检查评估。如1994年年底，北京市高教局和北京市学生军训办公室联合组织对24所高校军训机构、人员配备、经费保障和军训工作的落实情况，进行了综合检查评估。1999年湖北省高校军事教学指导委员会制定《湖北省普通高等学校军事教学评估细则》，并依此对武汉大学等20所高校进行了军事教学评估，通过评估，肯定了成绩，找出了不足，对湖北省的高校学生军训工作起到很大推动作用。

二、军训工作的经验交流

学生军训试点工作开展后，国家教委和一些有军训试点任务的省、市教委均重视军训试点的经验交流，先后多次召开不同形式、不同内容的经验交流会。特别是1989年12月，国家教委在辽宁大学主持召开有全国13个省市部分军训试点院校参加的理论研讨会，不仅总结交流了大专院校军训工作的经验，而且还专门研究讨论了开展学生军训的理论性、学术性问题，为新时期学生军训工作建立在深厚、扎实的理论基础上起到了重要作用。

1990年5月，当时的国家教委体卫司在河南郑州召开了学校国防教育管理工作研讨会，各省、自治区、直辖市教育行政部门的负责同志出席了会议。与会代表认真总结交流了1985年军训试点以来以学生军训为主要形式的学校国防教育工作情况。一致认为，经过五年的试点，学生军训工作受到了各级领导的重视和有关部门的支持，军训所需的人员编制、经费、物资保障等条件也得到较好的解决，为学校国防教育向制度化方向过渡奠定了一定的基础；但是，各地情况不一，发展很不平衡，学生军训工作在前进中还存在一些问题。并明确了今后各级各类学校国防教育工作的方向。1990年7月，国家教委下发了《学校国防教育管理工作研讨会纪要》，对推动学生军训试点工作的进一步开展具有重要意义。

1997年4月国家教委学校国防教育办公室在东南大学组织召开了“全国普通高等学校首届国防教育学术研讨会”。会议主题是“九五”期间普通高等学校军事学科体系的建设与研究，并从其中遴选出100篇论文编辑出版了《国防星光——军事课程建设与发展》（东南大学出版社1997年出版）优秀论文集一书。此次研讨会对高校军事学科的建设和发展起到了重要作用。

1999年11月，为加强普通高等学校军事学科建设，不断提高军事理论的教学和科研水平，深化军事教学改革，培养适应21世纪需要的高质量人才，经全国普通高等学校军事教学指导委员会研究，教育部学校国防教育办公室决定召开全国普通高等学校第二届国防教育学术研讨会，主题是面向21世纪的普通高等学校军事教学改革与研究，于2000年4月在四川大学组织召开。

三、开展相关的学术研究

1985年学校军训试点工作开展以后，许多省市相继成立了学校国防教育研究会或学校国防教育协会等名称的学术性群众团体，并召开学校国防教育学术研讨会。学校国防教育学术团体的成立，活跃了我国学校国防教育的学术研究工作，对学校国防教育的教师队伍建设和学科建设起到了积极的促进作用。

1992年后，各省、自治区、直辖市和高等学校，加强了对学校国防教育的评价理论与方案的研究探索。据不完全统计，关于学校国防教育评价的研究成果在各种刊物、国防教育学术研讨会上发表和交流的多达50余篇。

“八五”期间，学校国防教育科研被划归全国教育科学“八五”规划国防军事学科研究课题类。经全国教育科学规划领导小组批准立项的学校国防教育科研课题为“地方高等院校采取校内自训为主模式开展国防教育的基本途径与规范化管理”，该课题从1991年10月开始研究，1994年10月完成课题研究工作，1995年2月通过全国教育科学规划领导小组办公室组织的专家组鉴定。同时，很多军训试点高校都根据学校的实际情况，自选课题开展多种形式的学校国防教育科研活动，取得了很大成绩。如清华大学于1994年10月研究完成的“高校国防教育工作管理信息系统”课题，通过了由国家教委委托北京航空航天大学、清华大学、国防大学、国家教委信息管理中心的专家组成的鉴定委员会的鉴定。

“八五”期间，学校国防教育科研成果对学校国防教育起到了积极作用。但是，由于缺乏统一的具体规划，许多重要课题未能开展研究，有影响的重大研究成果较少。

“九五”期间，各级教育部门加强了对学校国防教育学术研究工作的领导和组织指导，明确了学校国防教育科研的指导思想和方向，经全国教育科学规划领导小组评审，列入国家教育科学“九五”规划国务院部委级重点课题的有：《高校国防教育与人才培养研究》《高等学校国防教育评价研究》《普通高校预备役军官培养训练体系研究》《新时期高校国防军事教育理论与实践研究》。立项课题进展顺利，产生了不少高质量、有价值的研究成果。研究的针对性比较强，研究的科学性、严谨性都有所提高，开始重视联合攻关，由教育行政管理人员、教研和军事教师组成课题组，发挥集体优势，提高了研究的水平和效益，保证了成果质量。

由于学校国防教育是一门新兴学科，科研的机制、程序和方法有待规范，研究的经费不足，现代化技术的开发和应用研究相对薄弱，加之科研经费不足等问题，因此与其他学科相比，重大科研成果较少，有待进一步加强和提高。

四、创办国防教育专业刊物

在教育部、国防部和新闻媒体重视学校国防教育宣传工作的同时，一些国防教育专业刊物和报纸的专栏在宣传学校国防教育科学研究成果、促进学校间科研成果交流、提高学校国防教育学科水平等方面，起到了积极的配合作用。

1988 年，国家教委委托陕西省教委创办了《国防教育》杂志，这是为学校国防教育服务的专业性刊物，设置栏目较多，内容较为广泛。自创刊以来，始终配合学校国防教育科学研究的开展，普及科学研究的知识与方法、刊载教师的研究成果，介绍国内外军事学术思想与学术研究动态。对于提高我国学校国防教育的学术水平，帮助军事教师提高学校国防教育工作、特别是学生军训工作的实践与理论水平，起到了积极的推动作用，受到了广大学校国防教育工作者的好评。

《国防》（月刊），是中国人民解放军军事科学院主办的中央级刊物。它是以研究国防理论，宣传国防建设，促进国防教育，普及国防知识，为国防现代化服务为宗旨的综合性期刊。从 1995 年起该刊物专门增加了“国防教育”栏目，专题报道国防教育的重大活动，刊发了大量学生军训和学校国防教育的学术论文，对于提高我国学校国防教育的学术水平，促进学校国防教育的学术交流，起到了重要作用。

一些高等学校为推动学校国防教育工作的开展，也创办了专业性刊物。如浙江大学的《军训之声》，河南师范大学、同济大学、大连海事大学等学校的《军训简报》，东北大学的《军训专刊》，兰州大学的《军训快报》，北京体育师范学院的《军事理论教学参考资料》等，在扩大学校国防教育工作影响，提高军事教师的学术水平和教学质量等方面，也起到了较好作用。

第八节　小结

“文革”结束以后，我国各项工作都进行了拨乱反正，学校国防教育和学生军训工作同样也在不断的探索中前进，不断总结经验，法规体系不断完善，逐渐形成了正规有序的学校国防教育和学生军训模式。从这一时期我国学校国防教育和学生军训工作的实践来看，主要具有以下一些经验。

一、指导思想明确

学生军训一直是以党的一系列指示为指针，以军委积极防御的战略方针为依据，紧紧围绕我国人才培养的长远战略目标和加强国防后备力量建设，为培养高素质的社会主义事业的建设者和保卫者服务这一目的，严格训练，严格要求。

1986 年，国家教委等八部委在《关于加强高等学校学生军事训练试点工作的通知》中明确指出：“对高等院校学生实施军事训练，是学校改革教育内容，培养‘四有’人才的一项重要措施；是学生履行兵役义务，接受国防教育的基本形式。通过军事训练，使学生提高思想政治觉悟，激发爱国热情，发扬革命英雄主义和集体主义精神，增强国防观念和组织性、纪律性，掌握基本军事知识和技能。从而造就坚持社会主义方向的高级专门人才，为中国人民解放军训练后备兵员和预备役军官打好基础。”① 此通知对学生军训进行了准确定位，并清楚地阐明了学生军训与学校教育改革、与全民国防教育、与高校人才培养，以及与训练后备兵员之间的相互关系。它既不同于 50 年代以训练预备役军官为主的学生军训，更不同于后来以应付敌人大规模侵略为主的民兵训练。实践证明，高等学校的学生军训，必须把培养全面发展合格人才放在首位。当然，“为中国人民解放军

① 何东昌：《中华人民共和国重要教育文献》，第 2 卷，海南出版社 2003 年版，第 2257 页。

训练后备役兵员和培养预备役军官打好基础”这一功能也不可忽视。只有这样，才能有效地调动学校和部队两方面的积极性。

二、政策措施得力

“文革”结束以后，党和政府各级教育部门和军事部门高度重视学校国防教育和学生军训工作，恢复了由国防部和教育部对学校军训的领导，不断加强学生军训工作。如教育部于1980年10月初至11月，派出专人，配合军委修改《兵役法》办公室的同志，先后赴四川、陕西两省，对18所高等学校、4所高级中学进行调查，对组织领导、机构设置及业务工作等进行专题调研，并形成报告。

党和国家出台了一系列加强、规范学校国防教育和学生军训的决定，特别是1984年，我国第二部《兵役法》公布实施后，党和政府及时做出了在高等学校、高级中学开展学生军训试点工作的决定，教育部、总参谋部、总政治部等六部门立即联合发出通知，就学生军训的有关问题进行了明确。在实施过程中，党和国家领导人也适时发表谈话，对学生军训工作予以充分肯定，并提出明确的要求，认为大学生的军事训练一定要搞，而且要搞成功，要把学生军训制度化。江泽民同志在90年代初的一次讲话中曾指出，“现在的青年学生，到部队训练一下，跟不训练大不一样。学生军训我看要坚持下去。”① 通过部队的锻炼，培养一个人的组织纪律观念，艰苦奋斗精神，不管他将来从事什么工作，都是大有益处的。

原国家教委和总参谋部、总政治部等有关部委根据学生军训的开展情况，多次召开会议，发出通知，不断调整部署，总结和推广经验。1991年，各省、市、自治区按照原国家教委的部署和要求，组织了对本省、市、区军训试点高校的检查评比；1992年，原国家教委在此基础上，又专门组织力量对全国军训工作情况进行了抽查，并在全国范围内评选出40所学生军训工作优秀学校进行了表彰。与此同时，对某些因政策执行不坚决

① 《江泽民主席在视察解放军驻浙江部队时的讲话》，《江泽民文选》，人民出版社2006年版。

或在实际工作中问题比较突出的学校进行了批评或警告，要求限期改进。从而保障了这次学生军训试点工作沿着正确的方向发展。

学生军训是一项系统工程，牵涉到方方面面，学生军训试点工作之所以能不断发展，正是由于其政策和措施比较得力。

一是有明确的组织领导体系。原国家教委设有学校国防教育办公室和国防教育处；总参动员部设有专人分管学生军训工作；原国家教委和解放军三总部协调行动，对全国学生军训工作实施统一领导。各省、市、自治区大都成立了军地联合军训领导小组和办公室，省、市（区）教委还在体卫处设有专干主管学生军训工作，大部分军训试点高校设有武装部和军事教研室。这些机构的设立为学生军训工作的开展提供了可靠的组织保障。

二是有基本的经费保障。自1985年学生军训试点工作开始以后，国家财政每年都拨出专款给予委、部属军训试点高校进行补贴；同时，在有关通知中还明确规定了地方高校的军训工作，必须从省、市（区）财政中拨专款予以补贴。规定各高等学校必须从主管部门核定的年度事业费中列支有关军训机构的办公费、学校训练场地的维修费和组织学生到部队的交通费等，以保障学生军训工作的开展。从实际情况看，尽管这些年来军训经费一直十分紧张，但就总体而言，绝大多数试点学校的军训经费还是能够得到基本保障的。

三是有规范的大纲和教材。原国家教委、总参谋部、总政治部于1986年制发了《高等学校学生军事训练大纲》，并配发了全国统编教材，使学生军训从一开始就具有明确的指导思想和目的，在训练的时间、内容和方法上也都得到了较好的统一和落实。1987年和1994年又两次修订了大纲和教材，使之更加完善、科学，更符合实际。

四是有必要的武器弹药和器材的保障。解放军三总部对学生军训试点工作给予了大力的支持和很好的配合，不仅积极派出教官帮助高校完成军训任务，而且在武器弹药和各种训练器材上也给予了必要的保障。

五是有严格的学籍管理。按照国家教委的规定，各高等学校普遍都把学生参加军训和军事理论课的学习作为必修课，列入正常课表，给予相应的学分，成绩记入学生档案。未参加军训和军事课学习的必须补修，考试成绩不及格者不能毕业。这些措施，对保证学生积极参与军训发挥了重要的作用。

三、军事教师纳入学校教师管理系列

党和国家十分重视军事教师的作用，1993 年 6 月，国家教委办公厅印发《全国高等学校军训工作表彰会纪要》的通知中指出："要重视军事教师的作用，加强他们的培养和培训工作。"1994 年 8 月，国家教委学校国防教育办公室关于认真贯彻执行《高等学校军事训练教学大纲》的通知，要求"各高校要进一步加强军事课教师队伍建设，不断提高军事理论教学水平"。

在实践中，各高校普遍重视军事教师的使用和培养，为军事教师的成长提供帮助，主要做法有：一是专职教师纳入学校教师编制，由学校统一编制选配计划，定岗定编，从组织上确定了军事教师地位。二是军事教师职称评聘得到解决，在军事教师还没有建立学科职称评审系列的情况下，各学校把纳入教师编制的军事教师职称评定根据岗位需要和学校实际，列入思想政治、德育、管理等系列。三是青年教师的培养列入学校教师队伍建设规划。

四、军训试点工作取得巨大成果

从 1985 年军训试点工作开始以来，各级政府和机关、院校通力合作，共同努力，使军训试点工作取得了巨大成功，并总结出了一系列的经验措施。

一是健全完善军训工作的组织领导机构。在试点过程中，各院校普遍建立了学生军训的领导机构，对全校军训工作实施统一领导，解决军训钱、财、物、人等问题。在军训过程中，成立学生军训办公室或学生军训团，协调和解决军训过程中遇到的各种问题和困难。在一部分高级中学和高等院校，还成立了军体组，由军事教员担任组长，负责军事课程的教学。

二是将军训纳入学校教学计划。各院校普遍将学生军训作为一项必修课纳入学校的教学计划，按照军训大纲的要求，落实军训的时间和内容，并将学生军训的成绩纳入学生档案，归入学生的学籍管理范畴，与学校评选优秀学生、奖学金、助学金等各种活动结合起来。

三是建立规章制度以保证军训效果的落实。军训过程中，各试点院校按照国家教委等有关单位关于学生军训的要求，结合本校的实际情况，参考部队军事管理的模式和军队各种条令条例的规定，制定了适合本单位特点的管理规定。如关于军训的一日生活制度，关于军训期间的请销假制度，关于队列训练的规定，关于战术训练的规定，关于射击的有关规定等，从严从难要求，以达到军训效果的落实。

四是完善军训基础设施，确保军训的顺利展开。各院校积极筹建军事训练场，有条件的还在各省地市区及省军区、军分区的帮助下，建立军事训练基地，并添置了与军事训练相配套的各种器材，建立了资料室、兵器室、教学模型室和军训专用教室、电教设备。组织人员编写了与军训相关的军事教科书和国防书籍，搜集整理了相关的教学资料，制作教学幻灯片等。

五是军训与学校的教学、生活和管理等各项工作结合起来。在军训过程中，各学校普遍开展评选军训标兵、优秀班排和组织各种形式的比赛、竞赛，结合军训开训与汇报表演、阅兵式等激发学生的军训热情。

在试点过程中也存在一些问题，主要有：军训内容太过单一，军训体能化；时间分配不合理，队列、军体拳、刺杀、分队战术等技能科目所占时间比重过大，对军事理论课的重视不够；军训方式方法过于简单，军训保障矛盾突出等。这些都在一定程度上影响了军训试点的效果。

第五章 21 世纪以来的学校国防教育与学生军事训练工作（2001 年至今）

21 世纪以来，学校国防教育和学生军训工作为适应新世纪、新阶段形势发展需要，进入一个新的发展阶段。组织领导机构得到加强，各项政策法规不断完善，学生军训工作由局部试点走向全面普及，各种丰富多彩的国防教育活动在各级各类校园中广泛开展起来。

第一节 面临的形势与任务

21 世纪以来，国际战略形势不断发生深刻变化，我国改革开放和现代化建设进入一个关键时期，机遇前所未有，挑战也前所未有。学校国防教育和学生军训工作适应形势与任务的发展变化，不断充实新内容，发展新形式。

一、国际和周边安全环境更加错综复杂

进入 21 世纪，世界战略形势发生了广泛而深刻的变化。霸权主义和强权政治依然存在，大国战略博弈更加复杂，围绕国际秩序、综合国力、地缘政治、战略空间等的竞争更趋激烈，局部战争和武装冲突时有发生，军事安全因素有增无减。我国周边安全环境也发生一系列变化。个别海

上邻国在域外大国的挑唆和支持下不断挑起岛礁主权和海洋权益争端，陆地领土争端依然存在。朝鲜半岛和东北亚地区局势存在诸多不稳定和不确定因素。台海问题依然是威胁我国安全的心腹之患，“台独”分裂势力及其分裂活动仍然是两岸关系和平发展的最大威胁，反分裂斗争形势依然严峻复杂。同时，“疆独”“藏独”分裂势力的活动威胁升级。地区恐怖主义、分裂主义、极端主义活动猖獗，也对中国周边安全稳定带来不利影响。

国际和周边安全环境的发展变化要求我们必须保持清醒的头脑，加强对青少年学生的国防教育，强化他们的忧患意识，居安思危，关心和支持国防和军队建设。

二、世界新军事革命深入发展

发轫于20世纪六七十年代、正式开启于90年代初的世界新军事革命，在进入21世纪后呈现加速发展态势。武器装备信息化速度加快，军队体制编制改革逐步展开，新的作战理论和作战样式层出不穷，信息化战争整体面貌逐步呈现。

世界新军事革命对国防和军队建设提出一系列新要求，小型化、多能化、一体化成为军队建设主要趋势。学校国防教育和学生军训工作是培养国防后备力量的重要途径，必须适应世界军事的新发展、新变化，在为军队输送大批合格兵员的同时，要着眼打牢国防后备力量的军事基础，促进现役力量与后备力量的一体化建设。同时，也要着眼争夺信息斗争主动权的要求，加强国家信息力量的培养与储备，强化信息安全意识，为赢得信息时代国家竞争打牢基础。

三、国家教育改革大力推进

21世纪以来，随着我国经济实力的大幅跃升，基础教育进入了一个大发展时期。落实九年制义务教育、全面推进素质教育以及普通高校扩大招生规模等一系列改革措施逐步实施，这对学校国防教育和学生军训工作既是有力的促进，也带来了一系列影响。

素质教育是指以提高受教育者全面素质为目标的教育模式，它重视人的思想道德教育、能力培养、个性发展、身心健康教育等。学校国防教育和学生军训工作既是素质教育的具体体现，也对全面推进素质教育具有重要的促进作用。

1999 年，教育部出台《面向 21 世纪教育振兴行动计划》，文件提出到 2010 年，高等教育的毛入学率将达到适龄青年的 15%，由此开启了普通高校扩大招生规模的浪潮。2013 年，全国各类高等学校在校学生规模达到 3460 万人。高校扩招与学生军训由试点到普及正好重合，大大增加了普通高校学生军训的数量规模，从而使得这项工作的社会影响空前提高，同时也给学生军训工作带来一些影响，提出了新的要求。

四、信息网络技术飞速发展

21 世纪是信息时代，伴随着计算机、互联网和移动通信的普及，人们的生活、学习和工作方式发生了革命性变化。社会信息量、信息传播和处理的速度成几何级增长，新媒体异军突起。这些新技术既给学校国防教育和学生军训工作提供了新的更加有力的手段，也带来了一系列深刻影响。这就要求学校国防教育和学生军训工作不断研究新情况新问题，与时俱进，顺应时代发展的要求，丰富教育训练的内容，改进教育训练的方法和形式。

第二节 学生军训工作由试点走向普及

普通高校和高级中学的学生军训工作自 1985 年试点以来，经过十多年的试验探索，逐步积累经验，形成了比较成熟的工作机制、训练内容和方法。

一、“48 号文件”的颁布

2001 年 6 月 26 日，国务院办公厅、中央军委办公厅转发了教育部、总参谋部、总政治部《关于在普通高等学校和高级中学开展学生军事训练工作的意见》（国办发［2001］48 号）。文件对学生军训的指导思想和目的、组织领导、工作机构建设、工作规划和要求、师资配备、管理保障等都做出了明确规定，同时还要求从 2001 年起，各地将未开展学生军训工作的普通高等学校和高级中学列入学生军训规划，统筹安排，逐步开展学生军训工作，到 2005 年全国所有的普通高等学校、高级中学都要开展学生军训。该文件的下发和执行，标志着我国学生军训工作从试点探索转入全面普及的发展阶段。

为贯彻落实国办发［2001］48 号文件精神，推动学生军训工作走向全面普及，2001 年 11 月 9 日至 11 日，教育部、总参谋部、总政治部在天津市召开全国学生军事训练工作会议。会议全面总结了国家从 1985 年开展学生军训试点以来的经验教训，分析了新世纪新阶段我国学生军训工作面临的形势与任务，表彰了全国学生军训工作先进单位和个人，并对今后一个时期学生军训工作进行了全面部署。此次会议的召开，推动了学生军训在全国的普及开展，开创了我国学生军训工作的新局面。

为推动学生军训工作的普及发展，2003 年 6 月 20 日，教育部、总参谋部、总政治部在研究各地区学生军训工作开展现状的基础上，根据形势发展要求，制定了《2003 年～2005 年全国学生军训工作发展规划》，对 2003 年至 2005 年全国学生军训工作进行了总体规划设计，明确了学生军训的指导思想、目标任务、师资队伍建设、课程建设、经费与训练保障以及具体的组织实施要求等。各省（自治区、直辖市）教育行政部门、军事部门和学校及时出台相关政策和措施办法，制定本地区学生军训发展规划，推动了学生军训由试点转向普及发展。

二、制定并修改完善教学大纲

学生军训工作由试点走向普及后，为进一步规范学生军训的内容和组织实施，2002年和2003年，教育部、总参谋部、总政治部联合制定并颁布了《普通高等学校军事课教学大纲》和《高级中学学生军事训练教学大纲》。大纲对学生军事技能训练和军事理论教学的性质、目标、时间、内容、要求做出了详细规定，为普通高等学校、高级中学组织实施学生军事技能训练和军事理论教学提供了基本依据。

为适应国家高等教育改革和国防后备力量建设发展的需要，全军学生军训办公室于2006年组织有关专家在认真调研的基础上，对《普通高等学校军事课教学大纲》进行了修订和完善。2007年1月24日，教育部、总参谋部、总政治部联合颁布了新修订的《普通高等学校军事课教学大纲》，要求自2007年9月起施行。新修订的大纲对普通高等学校军事课课程性质、课程目标、课程要求、课程内容、课程建设以及课程评价等方面都做出了明确具体的规定。

普通高校和高级中学学生军训大纲的制定和颁布为各地组织开展学生军事技能训练和军事理论教学提供了基本规范，也为教育行政部门和军事部门检查指导学生军训工作提供了基本依据，有力地促进了学生军训的规范化发展。

三、颁布学生军训工作指导意见

为规范高级中学学生军训工作秩序，确保普及推广工作有序进行，教育部于2002年3月21日颁布了《关于在高级中学开展学生军事训练若干问题的意见》，明确了高级中学学生军训的指导思想和目的、时间和内容、各项保障及组织领导等原则问题。

为进一步规范普通高等学校军事理论课教学，提高军事理论课教学质量和效果，2004年1月17日，教育部办公厅制定并颁布了《关于加强普通高等学校军事理论课教学工作的意见》。文件要求建立健全军事理论课教学机构，加强军事教师队伍建设，推进军事课课程建设，不断改善教学条件，保障普通高等学校军事课教学正常开展。该文件的下发执行，对普通高校军事教研室、军事教师队伍和军事课课程建设起到了积极的推动作用。

随着学生军训工作在全国普通高校和高级中学的普及，训练规模扩大与资源投入严重不足等影响和制约学生军训深入发展的矛盾日益突出。为加强学生军训工作制度化、规范化建设，确保学生军训工作的正常开展，2007年3月22日，教育部、总参谋部、总政治部联合制订颁发了《学生军事训练工作规定》，对学生军事训练工作的组织领导与实施、军事技能训练和军事理论教学、军事教师和派遣军官、学生军事训练保障、奖励和惩处等方面进行了详细的规定。该规定的下发和执行，标志着我国学生军事训练工作进入制度化、规范化发展的新阶段。

党的十八大以来，为认真贯彻习主席关于加强和改进兵役工作的重要指示，落实《学生军事训练工作规定》，切实发挥学生军训在加强学生思想政治工作、提高国防意识、增强身体素质、磨练意志品质等方面的育人功能，为中国人民解放军训练储备合格兵员和培养预备役军官打下基础。2013年9月23日，教育部、总参谋部、总政治部印发了《关于全面提高学生军事训练质量的通知》（教体艺［2013］1号）。该通知从落实军事课学时学分，规范军事理论教学，科学组织军事技能训练，提升军事理论教学的德育价值，鼓励支持学生军训改革试点，拓展军事技能训练的深度和广度，制定学生军训的经费指导标准，加强学生军训基地管理，落实学生军事技能训练枪支弹药，解决学生军事技能训练承训官兵等10个方面，针对制约提高质量的突出问题和薄弱环节，提出了一系列政策举措。该通知的印发执行，对新形势下推动学生军训工作在新起点上向制度化、规范化方向发展具有重要意义。

此外，各地区教育行政部门依据教育部和总参谋部、总政治部的文件精神，纷纷制定出台本地区推动学生军训工作普及开展的政策规定和工作指导意见。这些文件结合本地区工作实际，进一步制定学生军训工作细则、监督检查、教学评估、师资队伍建设、事故预防、武器管理、基地建设和训练保障等规章制度，对于规范普通高校和高中学生军训工作的普及和深入开展都起到了很好的作用。

四、加强学生军训基本建设

为保障普通高校和高中学生军训工作的普及开展，教育部和总参谋部、总政治部通力合作，采取有力措施，加强课程、师资和基地建设，不断提高学生军训工作的制度化、规范化水平。

（一）课程建设

继2002年制定《普通高等学校军事课教学大纲》、2003年制定《高级中学学生军事训练教学大纲》后，教育部、总参谋部、总政治部先后六次组织修改《高等学校军事课教学大纲》，两次修改《高级中学学生军事训练教学大纲》，使学生军训大纲更加科学完整，内容更加富有时代特色，教学指导思想、目的更加明确。目前，全国大多数普通高校已将军事课作为公共必修课列入学校教学计划，按照大纲要求开展军事理论教学和军事技能训练；高级中学的军事技能训练基本普及。

各地开展学生军训工作实践中还不断探索创新普通高等学校军事理论教学和军事技能训练模式。例如，在军事理论教学方面，2013年4月，由重庆大学发起成立“中国东西部高校课程共享联盟”，成员高校现已超过100所。2014年5月，该联盟委托“智慧树”公司开发军事课网络课程，并从2014年秋冬学期开始试运行。2015年春夏学期，已有31所高校的2.7万余名学生通过在线方式完成军事理论学习。下一步，联盟学校将进一步扩大试点范围，充分发挥网络教学优势，争取实现军事理论教学按大纲要求全面普及。在军事技能训练方面，部分驻军部队少、承训部队任务重的地区，高校积极探索利用预备役部队和在校高年级国防生组织新生军训的模式，在学生军训承训官兵供需矛盾突出的条件下努力完成学生军事技能训练任务。

（二）师资队伍建设

加强师资队伍建设是提高学生军训质量水平的关键。各级教育行政部门、军事机关和学校始终把军事教师队伍建设作为抓好学生军训工作的大事来抓。

一是加强军队派遣军官队伍建设。各军区、省军区（卫戍区、警备区）和编配派遣军官的军队院校，按照总参谋部、总政治部有关规定，认真做好派遣军官的选拔、培训、管理、使用工作。全军学生军训工作办公室从2002年以来先后举办13期派遣军官培训班，共培训派遣军官900余人；多数军区、省军区和有关军队院校采取不同形式对派遣军官进行培训，每年选送一批具有培养前途的中青年派遣军官到军地院校攻读博士、硕士学位。目前，全军所有派遣军官都已经过各级组织的培训，全部达到本科以上学历，其中具有研究生以上学历的占29%，年龄结构、学历结构日趋合理，学术科研能力和任教水平明显提高，成为组织实施高等学校军事理论教学的中坚力量，深受高校师生的欢迎，赢得了广大师生的普遍赞誉。

二是加强高校专职军事教师队伍建设。近年来，随着军事理论教学地位的提升，高等学校越来越重视军事教师队伍建设，已经普遍将专职军事教师纳入师资队伍建设的总体规划统筹安排，加大了配备、培养、管理和使用的力度。各省级教育行政部门和军事机关定期组织专职军事教师业务培训，并组织派遣军官对专职军事教师进行传、帮、带，有效促进了专职军事教师军事理论教学能力的提高。目前，全国高等学校已配备专职军事教师2300余人，其中教授、副教授650余人，初步形成了一支素质较高、人员稳定、特色鲜明、教学能力较强的专职军事教师队伍。

三是提高帮训官兵组训施训能力。驻军部队和武警部队从国家人才培养大局出发，在自身军事训练、执勤任务繁重的情况下，每年都严格挑选一批政治思想坚定、军事技能过硬、作风纪律优良、组训能力较强的官兵帮助高等学校组织实施军事技能训练。2004年至2014年，全军和武警部队共派出承训官兵175万余人次。各单位在派出承训官兵前，都按照总参谋部、总政治部的有关要求认真组织集训，学习学生军训法规政策，熟悉学生军训教学大纲，统一训练内容、训练方法、训练标准和组训要求。在组织学生军事技能训练过程中，对承训官兵实施全程严格管理教育，使承训官兵切实做到按纲施训，因人施教，循序渐进，标准适度，确保了学生军事技能训练的有效落实。

（三）基地建设

学生军训基地设施完备、功能齐全，便于实施规范化训练、管理和保障，是组织开展学生军训的理想场所。近年来，军地各级高度重视学生军训工作基地建设，不断加大工作力度，抓投入搞建设，抓管理强保障，抓使用促效益，使学生基地化训练迈上新台阶。

一是加大资源投入，加快基地建设。各省（自治区、直辖市）本着“科学规划、合理布局、整合资源、提高效益”的原则，不断加大资源投入力度，新建、改建、扩建了一批学生军训基地。部分省市采取政府投资、军地筹资、社会融资等办法，联手打造出一批学生军训基地精品工程；部分省充分利用地方和军队空闲的校区、营区资源，采取整体规划、修缮房舍、添置设施，将其改建为训练、生活设施齐全配套的学生军训基地；部分省市采取军地共同投资、军地共建共用的方式，扩建了一批民兵预备役综合训练基地，使其在满足民兵、预备役人员训练的同时，又可用于学生军事技能训练。目前，全国共建成学生军训基地 443 个，每年有近 200 多万名学生到学生军训基地进行军事技能训练，有力地推动了学生军事技能训练向基地化方向发展。

二是加强正规化管理，提高保障能力。各地区高度重视学生军训基地管理，制定了完善配套的规章制度。涉及基地建设立项、规划、选址、投资、监督、合同签订等问题严格执行基建工程报批程序。基地投入使用前，省学生军训主管部门组织实施验收评估，符合承担学生军事技能训练条件的发给资质证书和统一制作的学生军训基地标牌。每年对已投入使用的军训基地承训、管理、保障、安全等情况进行全面验收，凡不符合条件的，下一年度不得继续承担学生军事技能训练任务。军训基地承担学生军事技能训练不得以盈利为目的，具体收费标准由省级学生军训工作主管部门会同物价部门确定。同时，各军训基地严格执行各项规章制度，使军训基地保障学生军事技能训练的能力日益增强。

三是统筹使用，提高训练效益。各地区针对参训学生人数多的实际，在重视加快军训基地建设的同时，通盘进行考虑，科学制定计划，最大限度地安排高等学校、高级中学学生到军训基地轮训，充分发挥已投入使用军训基地的使用效益。

五、加强检查评比

自2004年开始，教育部和总参谋部、总政治部每两年组织一次全国学生军训工作检查，重点对全国贯彻落实学生军训法规制度情况进行检查调研和工作指导。各省、自治区、直辖市教育行政部门、军事部门按照属地管理原则，对本地区依法开展学生军训工作情况进行检查监督，对军事课教学实施情况进行评估，对检查中发现的问题及时纠正，限期整改，有力地推动了学生军训工作的规范化、制度化建设。

第三节　持续推动学校国防教育深入开展

进入21世纪以来，随着我国综合国力的大幅提升，国际影响力不断扩大，国家面临的安全形势也发生了一系列新变化。在国家安全形势总体稳定的大背景下，国家安全问题的综合性、复杂性、多变性特点更加突出，对维护国家主权、安全和发展利益提出许多新要求，迫切需要从战略和全局的高度加大全民国防教育的力度，强化国民的国家安全意识和忧患意识，营造关心支持国防和军队建设的良好氛围，增强我国的国防实力的民族凝聚力。《国防教育法》明确，青少年学生是全民国防教育的重点，学校国防教育是全民国防教育的基础。各级教育行政部门和各类学校从维护国家主权、安全和发展的大局出发，从实现“中国梦”“强军梦”的高度，充分认识新形势下加强学校国防教育的重要性和紧迫性，切实采取有力措施，推动学校国防教育的深入开展。

一、深入学习和贯彻落实《国防教育法》

2001 年 4 月 28 日，九届全国人民代表大会常务委员会第 21 次会议审议通过了《中华人民共和国国防教育法》（简称《国防教育法》），并正式颁布实施。《国防教育法》明确，“学校的国防教育是全民国防教育基础”，并要求“教育行政部门应当将国防教育列入工作计划，加强对学校国防教育的组织、指导和监督，并对学校国防教育工作定期进行考核”。为保证国防教育进入校园，进入课堂，进入每个学生的心中。各地省、市教育部门纷纷制定本地区学校落实《国防教育法》的具体法规、措施。如：辽宁省教育厅规定高级中学的国防教育以军事训练为主，军训要包括集中军事技能训练和军事知识讲座两个部分，时间为 7～14 天，其中军事技能训练不得少于 7 天，要求到 2005 年，全省所有高级中学要按要求全面开展学生军训工作。甘肃省从 2003 年下半年开始，将军训列入普通高校和高中必修课程。暂时不具备军训条件的专科学校，要先开设军事理论课程，2004 年前要全部按要求开展学生军训。

根据《国防教育法》中“有条件的小学和初级中学可以组织学生开展以国防教育为主题的少年军校活动”的规定，少年军校活动在全国范围内广泛开展起来。截至 2003 年 9 月 28 日第四届全国少年军校检阅式在京举行时，全国少年军校已发展到 13000 多所，每年有 2000 多万名少年儿童在少年军校接受各种形式的国防教育和体验军营生活。①

二、紧密结合形势发展开展国防教育

国防教育必须与国内外形势发展紧密结合，增强教育的时效性。2002 年 5 月，教育部组织京、津、沪、鄂、粤、陕、苏、赣等八省市党委教育工作部门在全国 74 所高校开展的大学生思想政治状况滚动调查显示，大

① 季云飞主编：《新中国国防教育理论与实践》，海潮出版社 2004 年 5 月第 1 版，第 209 页。

学生们密切关注国内外重大事件，焦点越来越集中于涉及国家根本利益和民族尊严等事件上。其中对“北京申办2008年奥运会获得成功”“美国‘9·11’事件”“中美撞机事件”等项上，关注率均在90%以上，对“日本首相小泉纯一郎参拜靖国神社”“战后日本首度出兵海外”的关注率也分别达到89%和74%。因此，在开展学校国防教育中，各地区各类学校十分重视结合形势，开展形势讲座，及时向青年学生讲解国际战略和我国周边安全形势的发展变化，宣传党和国家的国防政策以及国防建设新成就。

2005年3月14日，第十届全国人民代表大会第三次会议审议通过《反分裂国家法》后，全国各级各类学校立即行动起来，掀起了一个宣传和学习《反分裂国家法》的高潮。2012年，日本宣布所谓“钓鱼岛国有化”后，以及在中菲黄岩岛争端中，全国大、中学校及时组织开展各种形势讲座，介绍争端起因，宣传我国政府的原则立场。这些紧密结合形势开展的国防教育针对性、时效性强，对于正确引导青年学生的爱国热情、增长海洋权益知识、了解事实真相，发挥了很好的作用。

三、开展多样化国防教育活动

2001年以来，全国各级各类学校结合学生军训工作的普及，开展了多样化的国防教育活动。各普通高等学校和高中阶段学校，除按军训教学大纲规定组织实施军事理论教学、军事知识教育和军事技能训练外，积极开展军事礼仪、军事音乐、军事竞技、军事沙龙等军事文化和体育活动，开设军事选修课和专题讲座，开办宣传专栏，举办国防教育、国防知识竞赛和征文等活动、军事夏（冬）令营，组织学生参加全国大学生军用枪射击比赛。通过这些活动，营造了浓厚的校园国防文化氛围，极大地激发了在校学生学习国防知识的兴趣和热情。此外，各地学校还利用全民国防教育日、“九三胜利日”和国庆60周年、建军80周年、学生军训20周年和25周年等时机，举办阅兵式、分列式和学生军训成果汇报表演以及学生军用枪射击比赛、定向越野比赛等竞赛和演讲活动，进一步扩大了学生军训工作的社会影响，增强广大青年学生关心国防、支持军队建设的热情。

2014 年 8 月 1 日至 10 日，教育部和总参谋部、总政治部在天津市举办了主题为“在军营放飞青春梦想”的首届军事训练营。训练营设置军事理论教学、军事技能训练、观摩学习、军营文化活动、军事课教师军事教学展示等内容。列入学生军事训练改革试点的天津、黑龙江、上海、江苏、福建、广东、重庆、四川 8 省（市）16 所普通高等学校和高中阶段学校的 320 名在校学生参加了训练营活动。本届军事训练营的成功举办，对于全面贯彻习主席系列重要讲话精神，着眼培养社会主义事业建设者、保卫者和接班人，落实立德树人根本任务和强军目标根本要求，适应国家教育深化改革和国防后备力量建设转型需要，研究探索提高学生军训质量效益的方法路子，着力提升学生体质健康水平，强化爱军尚武精神，大力促进高素质后备兵员的训练储备，推动形成全社会关心国防、热爱国防、建设国防、保卫国防的思想共识和自觉行动具有重要意义。

2015 年暑期，为纪念学生军训工作开展 30 周年，教育部组织了军事课教学检验活动。本次教学检验内容包括识图用图、无线电测向、人防知识主题教育、军事课教师教学、合唱等 5 项，由东南大学、西南科技大学、重庆市教委和重庆市民防办公室、国防大学学生军训工作办公室、清华大学 5 个单位分别承办。本次军事课教学检验活动用科学的标准和公平透明的程序评价高校军事课教学质量和发展水平，有助于进一步推动依法治教、按纲施训，形成课堂教学、课外活动、社会实践统筹协调发展的教育训练模式，促进了学校国防教育和学生军训工作的规范化、科学化发展。

四、举办高校领导国防教育暨学生军训工作专题研修班

为贯彻落实党中央提出的加强新形势下学校国防教育和学生军训工作的各项要求，提高普通高等学校领导干部的国防素养和国防观念，增强履行学校国防教育和学生军训领导职责的能力，教育部、总参谋部决定自

2012年起，在国防大学和空军指挥学院举办高校领导干部学校国防教育暨学生军训工作专题研修班，对高校分管国防教育和学生军训工作的校领导进行轮训。2012年5月21日，教育部办公厅印发《关于举办首届高校领导干部学校国防教育暨学生军事训练工作专题研修班的通知》（教体艺厅［2012］3号），首届研修班在国防大学举办，66所高校分管国防教育和学生军训工作的副校长（副书记）参加了研修学习。从第3期开始，参加研修学习的人员扩大到教育行政部门厅、局、处级领导，该研修班至今已举办8期，轮训近500人。通过研修学习，进一步强化了教育行政部门和普通高校领导的国防观念和国家安全意识，加深了对党和国家关于学校国防教育和学生军训工作相关法规政策的理解，增强了为国家人才培养和国防后备力量建设做贡献的使命感和责任意识，提高了履行学校国防教育和学生军训工作领导职责的能力。

第四节　进一步健全组织领导体制

21世纪以来，为了更好地开展学校国防教育和学生军训工作，切实把各项制度落到实处，国家相继成立了国防教育和学生军训工作专门组织领导机构，负责筹划指导、组织协调、检查督导学校国防教育和学生军训工作。

一、成立国家国防教育办公室

根据《国防教育法》的规定，2002年4月28日成立了国家国防动员委员会国防教育办公室，简称“国家国防教育办公室”，其职能最初由国家国防动员委员会综合办公室承担，2003年11月起由中国人民解放军总政治部群众工作办公室承担。

国家国防教育办公室主要职责：组织和指导全国国防教育工作；拟定国家国防教育政策、法规、规划，组织编写国防教育大纲和教材；组织协调地方和军队有关部门宣传贯彻中国共产党和国家关于国防教育的方针政策，开展国防教育活动；督促全国国防教育工作的落实，总结、推广国防教育工作经验；管理全国国防教育基金组织和其他国防教育社会组织；组织开展国防教育政策、理论研究。

此后，各地区相继建立健全了国防教育机构，配备了专职和兼职工作人员。各省（自治区、直辖市）、市（地区）、县（自治县、市、市辖区）国防教育办公室的工作职责是：组织、指导、协调和检查本行政区域内的国防教育工作。

一些企业事业组织、学校也成立了国防教育办公室，负责本单位的国防教育工作。党政军有关部门以及工、青、妇等群众团体，结合各自工作，认真履行国防教育职责，密切配合，形成了齐抓共管国防教育工作的良好局面。

2015 年底，在新一轮国防和军队改革中，由原总政治部群众工作办公室承担的国防教育办公室职责又转隶新组建的中央军委国防动员部。

二、成立学生军训工作办公室

学生军训工作办公室是在中国人民解放军内设立的负责学生军训工作的办事机构，2001 年 10 月成立。设置在原总参谋部动员部，主任由总参谋部动员部部长兼任，副主任由总参谋部、总政治部相关业务部门领导兼任。各大军区及省军区（卫戍区、警备区）司令部，以及承担学生军训任务的军队院校也相继成立学生军训工作办公室，负责组织承办学生军训日常管理工作。

学生军训工作办公室的主要职责是：贯彻执行中共中央、国务院、中央军委有关学生军训工作的指示，研究提出具体的方针政策和意见，会同教育行政部门制定相关规章制度；了解掌握军队学生军训工作情况，对军队学生军训工作实施监督、检查和指导，组织军队学生军训工作经验交流、学术研究；会同教育行政部门研究制定军事课教学大纲，编审军事理论教材；负责学生军训派遣军官的调配、任免、培训和管理，协助教育行政部门培训普通高等学校、高级中学和相当于高级中学学校的军事教师，并选派现役官兵协助普通高等学校实施军事技能训练；协助教育行政部门指导普通高等学校、高级中学和相当于高级中学的学校做好学生军训期间的思想政治工作；会同教育行政部门负责指导普通高等学校做好训练、教练枪支的管理，保障实弹射击所需的枪支、弹药和场地；负责与教育行政部门的工作联系与协调。

三、成立学生军训教学协调中心

全军学生军训教学协调中心成立于2002年4月，是中国人民解放军负责军队承担的普通高等学校学生军事理论教学工作的协调指导机构，设主任、副主任，以及参谋若干人，办公地点设在国防大学。

学生军训教学协调中心的主要职责是：了解和掌握全军的学生军训、军事理论教学情况，在调查研究、科学论证的基础上，提出改进和加强学生军训军事理论教学的意见和建议；根据学生军训军事理论教学的发展变化，组织对学生军训军事理论基本教材的编写和修订，并对全军学生军训军事理论教学内容和课程设置进行规范；制定和完善军事理论教学评估标准，并按照全军学生军训工作办公室的安排，对各单位的军事理论教学实施检查评估；适时组织协调全军学生军训教学骨干进行培训、学术研讨和教学经验交流等活动；建立学生军训教学网，逐步实现网络教学和信息传递。

四、普通高等学校设立军事教研室

军事教研室是普通高校的军事理论教学与研究机构，设主任、副主任，以及专职军事教师若干人。在主管校长和教务长的领导下，负责学校的军事理论教学工作。1985年在部分进行学生军训试点的普通高等学校成立，2004年后，各普通高等学校普遍设立了军事教研室。

普通高等学校军事教研室的主要职责是：制定本校军事教学计划并组

织实施；制定有关规章制度，负责军事课的考勤和考核；组织军事教师的政治学习、业务进修，开展教学研究活动和军事科学研究，及时总结教学经验，提高教学水平；协同军事部门组织实施培养预备役军官的短期集训；管理和维护武器装备、训练器材；组织学生的国防体育活动等。

五、编配派遣军官的军事单位设立学生军训教研室

从 2001 年开始，承担学生军训教学任务的军队院校和各省军区（卫戍区、警备区）均成立了学生军训教研室，并积极开展教学工作，对不断提高学生军训军事理论教学质量和水平，促进学生军训工作全面发展，发挥了重要作用。

学生军训教研室设在编配派遣军官的省军区和军队院校，在各级学生军训工作办公室的业务指导下开展工作。主要负责本区域重点普通高等学校军事理论课的教学任务，协助普通高等学校对军事教师进行培训。其具体工作职责是：制定军事理论课教学实施计划，组织实施军事理论课教学；组织制定军事理论课教学大纲，编写军事课教案、讲义，制作教学多媒体课件、幻灯片；组织教员备课和试讲示教；对教员的军事理论课教学情况实施监督检查；组织教员的业务学习和培训；协助普通高等学校培训专职军事教师；组织军事理论课教学研究和学术交流；组织军事理论课教学工作总结；负责教员日常管理工作；完成上级赋予的其他业务工作。

为加强各级学生军训工作机构的正规化建设，2003 年 9 月 29 日，全军学生军训工作办公室制定印发了《学生军训工作办公室工作制度》和《学生军训教研室工作规则》。其中，《学生军训工作办公室工作制度》规定了各级学生军训工作办公室工作联系、工作会议、监督检查、请示报告、工作计划、工作总结和管理等七项制度；《学生军训教研室工作规则》规定了学生军训教研室职责、教学组织实施、工作会议、工作管理、请示报告、工作计划、工作总结等七项制度。各级学生军训工作办公室和学生军训教研室按照《学生军训工作办公室工作制度》和《学生军训教研室工

作规则》的规范要求开展学生军训工作，促进了学生军训工作的制度化、规范化发展。

第五节　法规制度逐步完善

进入21世纪以来，随着国家法制化建设的逐步完善，学校国防教育和学生军训工作的法规制度建设迈上新的台阶，各项法律法规进一步完善，基本实现了工作有依据，运行有章程，管控有制度，从而保障了学校国防教育和学生军训工作沿着制度化的轨道健康有序发展。

一、《国防教育法》颁布实施

2001年4月28日第九届全国人民代表大会常务委员会第二十一次会议审议通过的《中华人民共和国国防教育法》是我国第一部全面调整和规范国防教育的法律，规定了国防教育的地位、方针和原则，规定了国防教育的领导体制，并对国防教育的保障和法律责任也做了规定。

《国防教育法》规定，学校国防教育是全民国防教育的基础，是实施素质教育的重要内容。教育行政部门应当将国防教育列入工作计划，加强对学校国防教育的组织、指导和监督，并对学校国防教育工作定期进行考核。《国防教育法》第十四条规定："小学和初级中学应当将国防教育的内容纳入有关课程，将课堂教学与课外活动相结合，对学生进行国防教育。有条件的小学和初级中学可以组织学生开展以国防教育为主题的少年军校活动。教育行政部门、共产主义青年团组织和其他有关部门应当加强对少年军校活动的指导与管理。"

《国防教育法》第十五条规定："高等学校、高级中学和相当于高级中学的学校应当将课堂教学与军事训练相结合，对学生进行国防教育。高等学校应当设置适当的国防教育课程，高级中学和相当于高级中学的学校应当在有关课程中安排专门的国防教育内容，并可以在学生中开展形式多样的国防教育活动。”“高等学校、高级中学和相当于高级中学的学校学生的军事训练，由学校负责军事训练的机构或者军事教员按照国家有关规定组织实施。军事机关应当协助学校组织学生的军事训练。”

按照《国防教育法》的要求，2006 年 11 月，国家国防动员委员会制定颁布了《全民国防教育大纲》。2014 年 7 月，经国务院、中央军委批准，国家国防动员委员会印发了新修订的《全民国防教育大纲》。《国防教育法》的颁布施行，以及《全民国防教育大纲》的制定和修订，为各级学校开展国防教育和学生军训工作提供了基本法律依据，推动了全国普通高校和高级中学学生军训工作由试点走向普及。

二、《兵役法》的修改

1984 年 5 月 31 日第六届全国人民代表大会第二次会议通过的《中华人民共和国兵役法》经 1998 年、2009 年和 2011 年三次修订，对学校国防教育和学生军训工作的规范性更加明确。

新修订的《兵役法》专设第八章“普通高等学校和普通高中学生的军事训练”，规定：“普通高等学校的学生在就学期间，必须接受基本军事训练。”“普通高等学校设军事训练机构，配备军事教员，组织实施学生的军事训练。”“普通高中和中等职业学校，配备军事教员，对学生实施军事训练。”“普通高等学校和普通高中学生的军事训练，由教育部、国防部负责，教育部门和军事部门设学生军事训练的工作机构或者配备专人，承办学生军事训练工作。”

《兵役法》的相关规定是普通高校和普通高中开展学生军训工作的基本依据。进入 21 世纪后，普通高校和普通高中学生军训工作由试点走向普及，就是保障《兵役法》全面落实的具体体现。

此外，2011 年 10 月 29 日，第十一届全国人大常会会第二十三次会议审议通过的《关于修改〈中华人民共和国兵役法〉的决定》，取消了原《兵役法》中“正在全日制学校就学的学生可以缓征”的规定。为了鼓励普通高校大学生参军入伍，全国各地还根据本地区实际情况制定了各种奖励政策。征集大学生参军入伍既是提高中国军队全面素质、加强国防建设的需要，也是对青年学生进行国防教育和培养国防后备力量的重要措施。

三、制定配套政策法规

为保证《国防法》《兵役法》《国防教育法》等国家法律的贯彻落实，教育行政部门和军队主管部门制定并颁布了一系列配套政策和法规，对学校国防教育和学生军训工作进行具体规范，确保各项工作有法可依，有章可循，并根据形势的发展，不断进行修改完善。

2003年6月教育部和总参谋部、总政治部联合制定《2003～2005年全国学生军训工作发展规划》，对普通高校和高级中学学生军训工作的目标任务、师资队伍建设、课程建设、经费与训练保障、组织实施与要求等问题进行具体规范。

2007年3月，教育部和总参谋部、总政治部联合制定《学生军事训练工作规定》，对学生军训工作的目标任务、组织领导与实施、军事技能训练和军事理论教学、军事教师和派遣军官、各项保障，以及奖惩措施等进行规范。

2011年，为贯彻落实党的十七届六中全会和《中共中央国务院中央军委关于加强新形势下国防教育工作的意见》（中发［2011］8号）文件精神，教育部下发了《关于加强新形势下学校国防教育工作的意见》（教体艺［2011］6号），要求在学校课程计划中切实落实国防教育内容，普通高等学校按照《学生军事训练工作规定》开设军事课程，落实军事技能训练和军事理论教学内容，提高军事课教学质量，高中阶段学校将学生军事训练纳入社会实践活动组织实施；加强学校军事课师资队伍建设，普通高等学校把专职军事教师队伍建设纳入学校师资队伍建设的总体规划，根据军事课教学任务需要配备相应数量的专职军事教师，高中阶段学校要重视兼职军事教师的选配与培训工作，挑选热爱国防教育或有一定军事素养的学校教师担任兼职军事教师。普通高等学校和高中阶段学校认真贯彻落实文件要求，推动学校国防教育和学生军训工作进一步深人发展。

2012 年，为贯彻落实《国家中长期教育改革和发展规划纲要（2010～2020 年）》，教育部、中宣部、财政部、文化部、总参谋部、总政治部、共青团中央印发《关于进一步加强高校实践育人工作的意见》（教思政［2012］1 号），要求高校要把军事训练作为必修课列入教学计划，通过开展军事训练，使学生掌握基本军事技能和军事理论，增强国防观念、国家安全意识，弘扬爱国主义、集体主义和革命英雄主义精神，培养艰苦奋斗、吃苦耐劳的作风。认真组织实施，增强军训实效。

2013 年 9 月，教育部和总参谋部、总政治部联合制定并下发《关于全面提高学生军事训练质量的通知》（教体艺［2013］1 号文件），要求各单位认真贯彻习近平总书记关于加强和改进兵役工作的重要指示，落实《学生军事训练工作规定》，推进学生军事训练工作创新发展，切实采取有效措施，抓好学生军事训练和教学工作，全面提高学生军事训练质量。

2017 年 8 月，在总结这些年学生军事训练正反两方面经验的基础上，为进一步推进学生军事训练工作的深化发展，《国务院办公厅、中央军委办公厅关于深化学生军事训练改革的意见》正式发布。《意见》直面新时期学生军训面对的突出问题和矛盾，着眼国家安全与发展战略全局，明确了新形势下进一步深化学生军事训练改革的总体思路、重点任务、组织实施和政策措施，是推进新时期学生军训工作全面深化发展的纲领性文件。

第六节 小结

21 世纪以来，学校国防教育和学生军训工作的内容随时代的发展不断拓宽，方法形式更加多样化，组织领导逐步健全，系统化、制度化、规范化逐步加强，取得了令人瞩目的成就。

一、各级高度重视，切实加强组织领导

军地各级把学校国防教育和学生军训工作作为贯彻《国防法》《兵役法》《国防教育法》的重要途径，作为全面推进学校素质教育和人才培养战略工程建设的重要举措，作为强化学生国防观念、加强国防后备力量建设的政治任务，列入议事日程，摆上重要位置，切实加强组织领导。各省成立学校国防教育和学生军训工作领导小组，定期召开会议，安排部署工作，研究解决问题，统一协调学校国防教育和学生军训工作所需的人力、物力、财力，形成了自上而下的组织领导体系，使学校国防教育和学生军训工作起步早、起点高，组织规范、效果明显。

为进一步提高高校领导干部的国防观念和国家安全意识，深化对国防教育和学生军训工作重要性的认识，自2012年开始，每年都在国防大学和空军指挥学院举办普通高校国防教育暨学生军训工作专题研修班。各省（市）教育行政部门和高校分管领导参加学习研讨，重点学习习近平总书记系列重要讲话精神以及总体国家安全观、国际战略、大国关系、海洋问题等专题，同时安排学校国防教育暨学生军训工作政策法规学习辅导，观看教学专题片，讨论交流等。各地区和高校领导交流经验，探讨解决问题的对策措施。

二、建立工作机构，军地齐抓共管形成合力

学校国防教育和学生军训工作是党中央、国务院、中央军委赋予军队和地方教育行政部门的一项长期的政治任务，军地各级主管部门从大局出发，既各司其职，又密切协作，形成了齐抓共管的良好局面。各省教育行政部门设立负责学校国防教育和学生军训的工作机构，配备专职人员，各军区、省军区（卫戍区、警备区）成立了学生军训工作办公室，配备专人负责学生军训日常工作，为高校协调落实派遣军官、承训部队、训练场地和枪支弹药等保障事项。军地负责学校国防教育和学生军训工作的业务部门，密切配合，通力合作，加强业务指导和工作协调，保证了学校国防教

育和学生军训工作的顺利进行。

三、纳入教学体系，学校国防教育和学生军训工作步入正轨

开展学生军训的普通高校把军事课作为一门必修课列入学校整体教学计划，纳入学籍管理，记入学生学分，按照课程建设的要求，实行规范的教学管理。严格按照教学大纲要求，实施军事理论课教学和军事技能训练。同时，制定《学生军训守则》《军事课教学实施方案》《学生军训考核标准》《学生军训安全管理规定》等规章制度，对军事理论课教学和军事技能训练中的思想工作、日常管理、教学保障、安全防事故等方面进行系统规范。为搞好学生军事技能训练，在实施训练前制定周密的训练、保障计划和紧急情况处理预案，并参照部队的编成，成立学生军训团，加强了军事技能训练规范化管理，保证了学生军训的顺利进行。

四、加强师资队伍建设，充分发挥派遣军官的作用

开展军训的高校把军事教师队伍建设纳入学校师资队伍的总体发展规划，各军区、省军区（卫戍区、警备区）和承担高校军事理论课教学任务的军队院校，按照总参谋部、总政治部有关规定，严格把好派遣军官的选拔、培训、教学和任教能力等环节，派遣军官队伍的结构不断优化，素质不断提高。

五、加大保障力度，努力保证学校国防教育和学生军训工作正常开展

随着学校国防教育和学生军训工作的全面展开，军地各级不断加大人力、物力、财力投入，中央和地方各级财政按照学校隶属关系，采取将学校国防教育和学生军训经费纳入学校预算总定额的办法，解决学校国防教育和学生军训所需经费。在经费比较紧张的情况下，拨专款为高校军事教

研室配备必要的办公设备和图书资料，新建或扩建学生军训基地，推进学生军训向基地化训练方向发展。

六、注重思想教育，充分发挥学校国防教育和学生军训的育人功能

坚持育人为本，重视和加强学生军训中的思想政治工作，使学生思想政治教育与军队思想政治工作相结合，学生德育教育与军队优良传统相结合，校风校纪教育与军队条令条例教育相结合，用军人的良好形象影响和带动学生，把思想政治工作贯穿于学生军训工作的全过程，取得了显著的教育效果。广大青年学生通过国防教育和军训，理想信念更加坚定，国防观念进一步增强，爱国主义、集体主义和革命英雄主义精神得到强化，组织性、纪律性不断加强，意志品质受到磨炼，吃苦耐劳精神和艰苦朴素的作风得到弘扬，综合素质明显提高，为培养社会主义建设者和接班人打下了坚实的基础。学校国防教育和学生军训工作已经在社会上产生了积极的影响，得到了社会各界的高度赞扬，赢得了学校广大师生和家长的普遍欢迎，收到了良好的政治、国防和社会效益。近年来，学生要求入党、参军和报考国防生的人数明显增加，学校普遍反映，国防教育和学生军训的育人功能是其他教育形式所不能替代的。

在充分肯定取得的巨大成就的同时，还应该清醒地认识到21世纪以来学校国防教育和学生军训工作发展还不够平衡，仍然存在着一些问题。例如，少数单位对学校国防教育和学生军训工作的重要意义的认识还不够深刻，部分单位国防教育和学生军训工作机构和人员落实还不够，学校国防教育和军训教师队伍建设相对滞后，军事理论课教学还不够规范。

第六章 新中国成立以来学校国防教育与学生军事训练工作：总结与思考

新中国成立60多年来，学校国防教育和学生军训工作在摸索中前进，在曲折中发展，既取得了伟大的成绩，也有许多问题值得深入思考。“不忘初心，方得始终”，总结历史是为了更好地开拓前行。在新的伟大时代，实现中华民族伟大复兴的“中国梦”，希望寄托在广大青年学生身上。习主席多次强调指出，要加强国防教育，增强全民国防观念，使关心国防、热爱国防、建设国防、保卫国防成为全社会的思想共识和自觉行动。学校的国防教育和学生军训工作在全民国防教育中具有基础性、战略性地位。新形势下，如何更好地开展学校国防教育和学生军训工作，有许多问题值得深入思考和探索。

第一节 学校国防教育和学生军训工作取得的主要成绩

回顾新中国成立60多年来学校国防教育和学生军训工作走过的历程，应该说成绩是主要的。这些成绩的取得与各级领导和全体国防教育工作者的辛勤努力分不开。

一、国防教育成果丰硕

60多年来，各级各类学校按照党中央的统一部署，在各级教育行政部门的领导下，在军队的大力支持配合下，广泛开展各种国防教育活动。在教育内容上，从建国初期的学习英模人物、支援抗美援朝运动，到目前的以关心国防、支持国防、献身国防为中心的爱国主义教育；在方法形式上，以传统的报告会、广播报纸、墙报版报为主要形式到现在的传统媒体与新媒体结合、形式多样的教育活动。可以说，学校国防教育取得了丰硕的成果。

（一）增强了广大青年学生关心国防、支持国防的国防观念

学校国防教育的根本目的，是增强广大青年学生的国防观念，激发他们的爱国热情，自觉履行国防义务。多年来，各级各类学校在开展国防教育活动中，以"立德树人"为根本宗旨，坚持以正确的价值观、人生观、国家安全观引导青年学生的思想，着力培塑"四有"新人，取得了良好的社会效果。小学、初中九年义务教育阶段的学生通过课程渗透教育和课外活动相结合的形式，普及国防知识，培养了国防意识。通过升国旗、唱国歌、了解祖国的首都和版图等方面的教育，使学生从小就对自己的祖国产生崇高的敬意和真挚的热爱；通过学习历史、地理、语文、政治等课程，使学生逐步了解祖国的过去、现实和发展，了解民族传统文化和祖国大好河山，奠定爱国主义精神的理性基础；通过学习英模人物的典型事迹，帮助学生树立革命的人生观，激发革命英雄主义精神；通过参加少年军校、军事夏（冬）令营等活动，学习军事知识，体验军营生活，培养了崇军尚武、保卫祖国的意识；通过数学、物理、化学等课程的学习，使学生掌握建设祖国、保卫祖国的科学文化基础知识。对于高中以上的学生，在他们接受初级国防教育，具备良好国防意识和一定国防知识的基础上，通过理论讲授、学生军事训练、参观爱国主义教育基地等形式，学习现代国防理论，掌握基本军事技能，从而为履行兵役义

务和成为国防后备力量奠定了基础。总之，通过多年的学校国防教育实践，广大青年学生坚定了理想信念，激发了爱国热情，增强了国防意识，强化了组织纪律观念，磨炼了意志品质，培养了吃苦耐劳精神和艰苦朴素作风，全面提高了综合素质，综合育人效果十分明显。

（二）激发了青年学生爱军习武、报效国家的热情

学校国防教育的过程，不仅是学习基本军事知识和军事技能的过程，更是励志教育的过程。通过长期的学校国防教育实践，青年学生在潜移默化中感受到肩负建设和保卫国家的历史重任，培养了热爱军队、尊重军人的感情，激发了献身国防、报效国家的热情。目前，携笔从戎的大学毕业生和在校生人数逐年增加。大学生入伍后运用所学专长，发挥自身优势，在部队训练和战备工作中迅速脱颖而出、崭露头角，涌现出一批学习标兵、训练标兵等先进典型，为军队现代化、信息化建设做出了积极贡献。这种局面的形成与各级各类学校长期坚持国防教育有直接的关系。

（三）促进了校园国防文化的形成和发展

在学校国防教育实践中，各级各类学校除按规定开展各项国防教育活动，学习军事知识和军事技能外，还积极开展军事礼仪、军事音乐、军事竞技、军事沙龙等军事文化和体育活动，开设军事选修课和专题讲座，开办国防教育网站，编辑各种国防教育刊物和宣传专栏，举办国防教育讨论和国防知识竞赛、军事夏（冬）令营，组织学生参加全国大学生军用枪射击比赛、国防教育演讲比赛、学生军训知识竞赛和征文等活动。通过这些活动，营造了浓厚的校园国防文化氛围，极大地激发了在校学生学习军事知识的兴趣和参加军事技能训练的热情，进一步增强并巩固了国防教育的成果。

二、学生军训工作在探索中发展

在普通高等学校和高中阶段学校开展学生军事训练工作，是我国加强

人才培养和国防后备力量建设的重大战略举措，也是国家素质教育的重要组成部分。这项工作从1955年新中国第一部《兵役法》颁布实施开始，历经初步尝试、曲折发展、试点探索、全面普及各个阶段的探索与发展。目前，学生军训工作紧紧围绕实现国家人才培养战略目标和加强国防后备力量建设需要，与时俱进，开拓创新，取得了长足发展，为培养合格的社会主义建设者和接班人，训练储备高素质后备兵员和预备役军官做出了积极贡献。

（一）受训学生军政素质普遍提高，为国家训练储备了大批高素质后备兵员

目前，我国普通高等学校学生军训开训率达99.3%，高中阶段学校开训率达93.4%，年参训学生达1700余万人，其中大学生600万余人，高中生1100余万人，为国家培养了一大批“四有”新人，为国防和军队建设储备和输送了一大批高素质兵员。实践证明，学生通过军事训练，掌握了基本军事知识和军事技能，理想信念更加坚定，国防观念和国家安全意识明显增强，爱国主义、集体主义和革命英雄主义精神得到强化，组织性、纪律性和责任意识不断加强，意志品质和身体素质得到磨炼，吃苦耐劳精神和艰苦朴素的优良传统得到弘扬，综合素质显著提高，受到了学校、学生和学生家长的普遍欢迎，赢得了全社会的高度赞誉，学生军训是一项利国、利军、利民的社会系统工程。

（二）不断探索创新学校军事理论教学和军事技能训练模式，努力完成学生军训任务

按现行高校和高中军事课教学大纲规定，学生军训内容包括两部分：一是军事理论教学，二是军事技能训练。普通高校将军事课作为公共必修课列入学校教学计划。各地高校和高中在开展学生军训工作中，克服各种困难，努力完成大纲规定的训练内容，并在实践中积极探索适应形势发展、符合青年学生知识结构和身心特点的教学训练模式。在军事技能训练方面，部分驻军部队少、承训部队任务重的地区，普通高校和高中积极探索利用预备役部队和在校高年级国防生组织新生军训的模式，在部队帮训官兵供需矛盾突出的条件下，努力完成学生军事技能训练。

（三）师资队伍建设成效明显，学生军训教学质量水平稳步提升

加强师资队伍建设是提高学生军事训练质量水平的关键。各级教育行政部门、军事机关和学校始终把军事教师队伍建设作为抓好学生军训工作的大事来抓。

第一，加强军队派遣军官队伍建设。各地省军区（卫戍区、警备区）和编配派遣军官的军队院校，按照总参谋部、总政治部的有关规定，认真做好派遣军官的选拔、培训、管理、使用工作。全军学生军训工作办公室从2002年以来先后举办13期派遣军官培训班，共培训派遣军官900余人。目前，全军所有派遣军官都已经过各级院校的培训，全部达到本科以上学历，其中具有研究生以上学历的占29%，年龄结构、学历结构日趋合理，学术科研能力和任教水平明显提高，成为组织实施高等学校军事理论教学的中坚力量，深受高校师生的欢迎。

第二，加强高校专职军事教师队伍建设。近年来，随着军事理论教学地位的提升，高等学校越来越重视军事教师队伍建设，已经普遍将专职军事教师纳入师资队伍建设的总体规划统筹安排，加大了配备、培养、管理和使用的力度。各省级教育行政部门和军事机关定期组织专职军事教师业务培训，并组织派遣军官对专职军事教师进行传、帮、带，有效促进了专职军事教师队伍军事理论教学能力的提高。目前，全国高等学校已配备专职军事教师2300余人，其中教授、副教授650余人，初步形成了一支素质较高、人员稳定、特色鲜明、教学能力较强的专职军事教师队伍。

第三，提高承训官兵组训施训能力。驻军部队和武警部队从国家人才培养大局出发，在自身军事训练、执勤任务繁重的情况下，每年都严格挑选一批政治思想坚定、军事技能过硬、作风纪律优良、组训能力较强的官兵帮助高等学校组织实施军事技能训练。各单位在派出承训官兵前，都按照军队有关要求认真组织集训，学习学生军训法规政策，熟悉学生军训教学大纲，统一训练内容、训练方法、训练标准和组训要求。在组织学生军事技能训练过程中，对帮承官兵实施全程严格管理教育，使承训官兵切实做到按纲施训，因人施教，循序渐进，标准适度，确保了学生军事技能训练的有效落实。

（四）学生军训基地建设初具规模，基地化训练迈上新台阶

近年来，军地各级高度重视学生军训基地建设，不断加大工作力度，抓投入搞建设，抓管理强保障，抓使用促效益，使学生基地化训练迈上新台阶。

一是加大资源投入，加快基地建设。各省（自治区、直辖市）本着“科学规划、合理布局、整合资源、提高效益”的原则，不断加大资源投入力度，新建、改建、扩建了一批学生军训基地。部分省市采取政府投资、军地筹资、社会融资等办法，联手打造出一批学生军训基地精品工程；部分省市充分利用地方和军队空闲的校区、营区资源，采取整体规划、修缮房舍、添置设施，将其改建为训练、生活设施齐全配套的学生军训基地；部分省市采取军地共同投资、军地共建共用的方式，扩建了一批民兵预备役综合训练基地，使其在满足民兵、预备役人员训练的同时，又可用于学生军事技能训练。目前，全国共建成学生军训基地 443 个，每年有近 200 多万学生到学生军训基地进行军事技能训练，有力地推动了学生军事技能训练向基地化方向发展。

二是加强正规化管理，提高保障能力。各地区高度重视学生军训基地管理，制定了完善配套的规章制度。每年对已投入使用的军训基地承训、保障、安全等情况进行全面验收，凡不符合条件的，下一年度不得继续承担学生军事技能训练任务。

三是统筹使用，提高训练效益。各地区针对参训学生人数多的实际，在重视加快军训基地建设的同时，通盘进行考虑，科学制定计划，最大限度地安排高等学校、高级中学学生到军训基地轮训，充分发挥已建成的军训基地使用效益。

三、领导管理体制逐步理顺

体制机制是开展国防教育和做好学生军训工作的组织保障。经过长期探索和调整改革，目前我国已基本建立起政府主导、教育行政部门主管、军地协作、齐抓共管的学校国防教育和学生军训工作领导管理体制。在国家层面，全国学校国防教育和学生军训工作在国务院、中央军委领导下，由教育部和军队有关部门共同负责，教育部国防教育办公室、全军学生军训工作办公室共同承担组织协调事宜。在地方层面，多数省（自治区、直辖市）、市、县（市、区）人民政府成立军地有关部门领导参加的国防教育和学生军训工作领导小组，负责本地区学校的国防教育和学生军训组织协调工作，具体由各级教育行政部门和军事机关通过联席会议或联合办公制度指导本地区的学校国防教育和学生军训工作。在军队层面，原总参谋部、总政治部成立全军学生军训工作办公室和国防教育办公室，与教育部国防教育办公室共同规划指导全国学校国防教育和学生军训工作；各省军区（卫戍区、警备区）成立学生军训工作办公室和国防教育办公室，负责本省（市）的学校国防教育和学生军训工作。在学校层面，大部分普通高等学校成立学生军训工作领导小组、人民武装部和军事教研室，负责本校学生的国防教育和军训工作，中、小学由一名校领导分管本校国防教育和学生军训工作。实践证明，这种由国家和地方各级政府主导，教育行政部门和军事机关相互配合协作、齐抓共管，国防教育和学生军训领导机构、工作机构、教学与训练机构上下衔接，各司其责的国防教育和学生军训工作领导管理模式和运行机制，符合我国国情，能够有效保证全国学校国防教育和学生军训工作的顺利开展。

2015 年底，在深化国防和军队改革中，由新组建成立的中央军委国防动员部统一领导原隶属总参谋部的全军学生军训工作办公室和隶属于原总政治部国家国防教育办公室，更加有利于加强和统一领导全国学校国防教育和学生军训工作。

四、法规制度不断完善

法规制度是建立正规工作秩序，保证学校国防教育和学生军训工作任务完成的根本措施。新中国建立以来，学校国防教育和学生军训工作之所以能够顺利展开并取得成效，首先得益于各项法规制度的建立和完善。在工作实践中，军地各级始终坚持把建章立制作为依法开展和管理学校国防教育和学生军训工作的重要手段，立法、修法、执法三管齐下，基本实现了工作有依据，运行有章程，管控有制度，确保学校国防教育和学生军训工作沿着制度化的轨道健康有序发展。

（一）立法先行，确保学校国防教育和学生军训工作的开展有法可依

1955 年，新中国第一部《兵役法》明确规定在高级中学和高等学校就读的学生必须参加军训，由此开始了全国范围内的学生军训工作试点工作。1984 年颁布的第二部《兵役法》保留了学生军训制度。可以说，我国学生军训工作制度的建立与发展就是对《兵役法》的具体落实。2001 年颁布实施的《国防教育法》更是把学校国防教育视为全民国防教育的基础，对学校国防教育的内容、方法和组织实施等都做出了明确规范，对于推动学校国防教育和学生军训工作的健康发展起到了重要作用。此外，《国防法》《国防动员法》《教育法》等法律也对学校国防教育和学生军训工作起到了重要法律规范作用。

（二）依据基本法律规范制定具体规章制度，规范工作有序运行

在具体组织开展学校国防教育和学生军训工作实践中，主管部门教育部和总参谋部、总政治部根据《国防法》《兵役法》《国防教育法》《教育法》等法律，制定印发《学生军事训练工作规定》《高等学校军事课教学大纲》《高级中学学生军事训练教学大纲》等法规性文件，对学校国防教育和学生军训工作的指导思想、方针原则、目的意义、机构设置、师资配备、课程管理、教学保障等做出具体规定，确保各项工作开展有法可依，

有章可循。并根据形势发展，修改完善法规制度，使制度更加富有时代特色。

（三）着眼法规落实，加强检查监督，确保执法有力

各级教育行政部门、学校国防教育和学生军训工作机构非常重视各项法规制度的贯彻落实，加大指导力度，加强检查监督，有力促进了学校国防教育和学生军训工作的依法开展。教育部和总参谋部、总政治部多次组织全国学生军训工作检查，重点对各地贯彻落实学生军训法规制度情况进行检查调研和工作指导。各省、自治区、直辖市教育行政部门、军事部门按照属地管理原则，对本地区依法开展学校国防教育和学生军训工作情况进行检查监督和评估，有力地推动了学校国防教育和学生军训工作的规范化、制度化发展。

第二节　学校国防教育和学生军训工作存在的主要问题

综观新中国成立60多年来学校国防教育和学生军训工作的发展历程，在看到工作成绩的同时，也应该清醒地认识到还存在不少矛盾和问题，这些问题如不能得到及时解决，不仅将影响和制约学校国防教育和学生军训工作的深入发展，也将影响到工作的成效。

一、学生军训工作受诸多因素制约，难以深入发展

学生军训工作对于学校开展素质教育和提高学生综合素质具有重要作用。这项工作开展以来，在军地双方共同努力下，虽取得了很大成绩，也得到了社会各界的广泛赞誉，但目前受到各种因素的制约，难以深入开展，离培养国防后备力量的预期目标还有很大差距。

（一）教学和组训力量供需矛盾突出

目前，全国高校和高中按规定应该参加军训的学生总数近 2000 万（其中，高校学生 600 多万，高中或相当于高中的学生 1300 多万）。在军事理论课教学中，如果按照 1∶500 的比例配备高校军事理论教师，需要 1.4 万多人，但目前为学生军训工作单独列编的派遣军官总数只有 893 人，而且还存在编制被挤占、挪用的现象。如果严格落实大纲规定的教学时数和小班上课规定，派遣军官队伍根本无法完成高校军事理论课教学任务，更不要说中学军事课了。目前学校自己配备的军事教师还难以完全胜任军事教学。

在军事技能训练中，部队帮训官兵的供需矛盾更为突出。如果按 1∶50 的比例配备承训官兵，每年至少需要 38 万人次，仅保障高校军训也至少需要 14 万人次。地方学校习惯上大多把军训时间安排在新生入学的九十月份，随着征兵时间的调整，这个时间段也正是新兵开训的时候，训新生与训新兵的矛盾特别突出。有的内陆省份驻军本来就少，更难以抽出帮训官兵。

（二）组训和保障条件不具备

开展学生军训，除了要有组训人员外，训练场地、器材以及装备等是必要的保障条件。但是，从目前各地组织学生军训的实际情况看，在现有训练条件下很难完成大纲规定的各项训练内容。以轻武器射击为例，不考虑经济、交通等条件，仅从时间上说，目前许多高校每届新生数量在几千甚至上万人，如果在一个 10 靶位的靶场组织射击，按每组耗时 10 分钟、每天组织 8 小时算，仅打靶就得用 20 多天时间。其他诸如军事地形学、战术训练的条件就更难以保障了。

军训基地是组织学生军训比较理想的场所。但是，目前各地军训基地加上民兵预备役部队训练基地的数量、规模远远不能满足组织学生军训的实际需求。这些基地大多属于经营性质，在基地组织军训要交纳一定费用，而且各项保障条件也不够规范，这也是目前学生军训受到社会诟病的一个重要因素。受各方面条件所限，目前大多数学生军训只能在校园内利用操场、空地进行，除了简单的队列和单兵基础训练外，大纲规定的其他训练内容很难得到落实。

（三）工作机制还不够顺畅

学生军训工作涉及军队与地方教育系统各个部门，在军队内部仅承训官兵的调配往往就要协调驻地军队院校、各军兵种和武警部队。这些单位之间平时既无隶属关系，也没有承训任务的明确职责。“工作方式靠协调，协调成效看感情”，这是各地学校组织军训普遍感到头痛的现象。

学生军训本是一项规范严肃的工作，无论是军事教师的配备和聘用，还是帮训官兵的选派，目前都亟待规范。否则，什么样的人都可以上军事课，随便指定一支部队，“任性”开展军训工作，如何保证军训质量？军训工作的规范性、严肃性又如何体现？长此以往，学生军训工作的声誉必将受到严重影响！

（四）法规政策还不够配套

目前，涉及学生军训的法规文件数量不少，在国家法律层面有《国防法》《兵役法》《国防教育法》等法律对学生军训做出了规范，国家和军队各级主管部门出台的红头文件数量更多。但是，这些法规文件从总体上看，缺乏长远规划，系统性、配套性不够好。在具体工作的开展上，有的只提要求，没有制定配套措施，下面无法遵照执行；有的刚性不足，下面可执行也可不执行，对于不执行者也没有相应的督查措施。比如，“国办发［2001］48 号”文件，这是推动学生军训工作由局部试点走向全面展开的一个重要文件。该文件对学生军训机构、师资配备及各项保障等只做了原则规定，没有制定配套的落实措施，因而导致各地执行情况千差万别。有的省军区设立了军训办公室，有的没有设立；有的学校设立了军事教研室，聘请了军事教师，有的学校至今既没有设立军事教研室，也没有聘任军事教师；有的学校把军事理论课列入了教学计划，有的学校只在技能训练时象征性地搞几次军事讲座，等等。这种状况既制约了学生军训工作健康发展，也与当前依法治国、依法治军的大背景格格不入。

二、学校经常性国防教育开展的随意性较大，教育的实效性不足

学校国防教育是全民国防教育的基础。国防教育必须贯彻“全民参与，长期坚持，讲求实效”的方针。新中国建立以来，学校国防教育虽取得了很大成就，但也有不少深层次问题有待破解。

（一）思想认识上有偏差，国防教育未摆上重要位置

一是对国防认知有偏差。长期以来，在很多师生的认知中，把国家安全等同于战争，认为国防就是战备工作，国防职责就是军队的职责。因而形成对国防教育不热心、对国家安全不关注的狭隘国防观念。在这种国防观念主导下，有的教育行政部门和学校领导认为，学校的中心工作是教学，只要完成教学任务，学生考出好成绩，其他工作都是次要的、可干可不干的。尤其是高中以下的基础教育，应试教育成为学校一切工作的指挥棒和最终评价标准。在这样的大环境下，国防教育成为可有可无的工作，不能摆上重要位置，由此造成国防教育活动无人负责、经费无着落、时间无保障。

二是价值导向有偏移。增强青年学生的国防观念，从根本上说，主要靠有效的理论灌输和教育引导。但是在客观上，由于长期和平环境和改革开放以来人们价值取向的变化，对青年学生造成潜移默化的影响。2013 年我们曾组织一次对部分在校大学生的国防教育问卷调查，从调查结果来看，有 35.3% 的同学表示积极参与学校组织的国防教育活动；38.1% 的同学不积极，遇到就参与；还有 11.5% 的同学根本不关注国防教育。当代大学生最关心的是自身价值的实现，对于国防问题虽有一定的关切，但一旦与个人利益发生冲突，国家利益往往要让位于个人利益。近年来大学生征兵工作实践也可以反映出这种偏移。很多大学生谈到应征入伍、履行兵役义务慷慨激昂，但一问到个人是否报名时就以各种借口拒绝。

三是掌握国防知识有偏颇。从对大学生的国防教育问卷中也可以发现，很多大学生对基本的国防知识不了解。比如，有一半以上的学生不知道国家的国防教育日是哪天；有 38.2% 的同学不了解我国武装力量的构成；有 31.6% 的同学不知道解放军与武警的区别。这些基本国防知识的缺乏正是由于学校国防教育不深入的体现。

（二）教育活动开展不经常，常态化教育无保障

一是教育活动开展不平衡。从总体上看，全国各级各类学校经常性国防教育活动开展得很不平衡。有的学校领导重视，各方面条件相对较好，国防教育活动比较活跃，参与学生也相对较多；而有的学校则想起来就组织一点活动，有条件有经费时就多搞点活动，工作忙了、经费紧张了就少搞点，甚至不组织活动；许多高等学校和高级中学把学生军训作为唯一的国防教育活动，在新生开学时一次性组织就算完成国防教育任务了。

二是教育活动时冷时热。一些学校的国防教育是上面抓一抓，下面动一动；领导发话了，热一阵子；机关来检查了，紧一阵子；上级组织活动了，忙一阵子。这种时冷时热、时紧时松的现象表明，学校国防教育还未形成有计划、有步骤的机制化教育活动，离“长期坚持”的要求还有很大差距。

三是缺乏标准和约束机制。目前《国防教育法》和《全民国防教育大纲》虽对学校国防教育提出了原则要求，但各级各类学校国防教育的具体内容、方法形式，所要达到的目的标准等尚缺乏明确规范。因而学校在具体组织日常国防教育活动时缺乏明确的标准规范，造成搞与不搞一个样，搞多搞少一个样，反正对学校国防教育也没有统一的检查评比。

（三）为“教”而教，教育活动的组织缺乏明确的“目的性”

一是教育内容缺乏针对性。不能根据不同年龄段学生的身心特点、接受能力，各个学校专业特点和学生实际情况，采取有针对性的国防教育，大学、高中、初中和小学的国防教育内容和方法形式都差不多，因而造成学生年年接受国防教育都“似曾相识”的感觉，形成教育“疲惫”，不仅

达不到预期效果，甚至起到了反作用。

二是教育形式缺乏多样性。在组织国防教育活动时，有的学校满足于一般方法、传统形式，搞一场形势报告会、组织学生到纪念场所参观，事前没有教育，事后缺乏引导，教育效果得不到深化。

四是教育效果缺乏实效性。学校组织国防教育活动只是“奉命行事”，或是重“形”轻“果”，没有明确的目的，只是凑时间、走过场，使国防教育的效果不明显。

第三节　当前学校国防教育和学生军训工作面临的新形势新任务

当前，世界战略格局正在发生第二次世界大战以来最深刻的变化，我国也正处在国家崛起民族振兴的关键时期。习主席说，“我国前所未有地靠近世界舞台中心、前所未有地接近实现中华民族伟大复兴的目标、前所未有地具有实现这个目标的能力和信心。”同时我们也面临“三大危险”，即“存在国家被侵略、被颠覆、被分裂的危险，改革发展稳定大局被破坏的危险，中国特色社会主义发展进程被打断的危险”。可以说，机遇与挑战并存。学校国防教育和学生军训工作者必须充分认清这些新形势新任务，勇于担当，创新发展，为中华民族的伟大复兴做出应有的贡献。

一、国际战略环境错综复杂要求强化国防观念

进入21世纪后，人类社会发生了翻天覆地的变化。一是经济全球化不断发展。世界各国经济联系更加紧密，生产要素流向和产业转移速度不断加快。二是政治多极化不断发展。世界战略力量对比呈现出相对均衡化态势，“中国崛起”尤其令世界瞩目，在国际事务中的作用日益增强。三是文化多元化不断发展。人们的价值取向出现多元化趋势，各种思想文化相

互激荡，文化的影响力、渗透力不断增强。四是科技现代化不断发展。不仅全球范围的生产力发生了质的飞跃，而且人类社会的生产方式、生活方式和思维方式也都发生了前所未有的大变化。五是调整改革普遍化。世界范围内兴起了改革调整的浪潮，涉及范围之广、程度之深都是空前的，世界面貌也由此发生着重大变化。

在这些大背景下，世界战略形势发生了广泛而深刻的变化。国际形势保持总体和平、缓和、稳定的基本态势，但突出特点是乱象纷呈，小战不断、冲突不止、危机频发将成为常态，我国发展重要战略机遇期的内涵和条件发生了新的变化。我国坚持走中国特色社会主义道路，综合国力大幅跃升，国际影响力显著增强，成为影响国际事务的重要力量，从而也日益成为西方发达国家防范和遏制的对象。它们对我国实施“西化”“分化”战略，综合运用政治、经贸、文化、外交、军事等软硬手段，制造摩擦，渗透破坏，竭力破坏我国和平发展的战略环境，干扰中国特色社会主义建设，阻止中国崛起。美国持续推进“亚太再平衡”战略，强化亚太地区军事存在和军事同盟体系。日本积极谋求摆脱战后体制，大幅调整军事安全政策，国家发展走向引起地区国家高度关注。“台独”分裂势力及其分裂活动仍然是两岸关系和平发展的最大威胁，反分裂斗争形势依然严峻复杂。个别海上邻国在涉及中国领土主权和海洋权益问题上采取挑衅性举动，在非法“占据”的中方岛礁上加强军事存在。一些域外国家也极力插手南海事务，个别国家对华保持高频度海空抵近侦察，海上方向维权斗争将长期存在。一些陆地领土争端也依然存在。朝鲜半岛和东北亚地区局势存在诸多不稳定和不确定因素。地区恐怖主义、分裂主义、极端主义活动猖獗，也给中国周边安全稳定带来不利影响。

世界战略形势的发展变化，要求我们必须加强对青年学生的国防教育和学生军训工作，使他们认清国家安全和发展面临的新威胁、新挑战，时刻保持清醒的头脑，始终保持强烈的忧患意识。

二、国家安全面临的新情况要求确立总体国家安全观

伴随着经济全球化和信息化浪潮，当今世界国家安全和发展利益已超出传统范围，拓展至新领域，海洋、太空、网络空间等在国家安全和发展利益中占有越来越重要的地位。国际和地区局势动荡、恐怖主义、海盗活动、重大自然灾害和疾病疫情等都可能对国家安全构成威胁，海外能源资源、战略通道安全以及海外机构、人员和资产安全等海外利益安全问题凸显。正如党的十八大报告指出的，“我国面临的生存安全问题和发展安全问题、传统安全威胁和非传统安全威胁相互交织。”①

国家安全的综合性、复杂性和多变性要求我们必须确立全新的国家安全观。2014年4月，习近平总书记在国家安全委员会第一次会议上提出总体国家安全观。他强调指出，当前我国国家安全内涵和外延比历史上任何时候都要丰富，时空领域比历史上任何时候都要宽广，内外因素比历史上任何时候都要复杂，必须坚持总体国家安全观。落实总体国家安全观，必须既重视外部安全，又重视内部安全；既重视国土安全，又重视国民安全；既重视传统安全，又重视非传统安全；既重视发展问题，又重视安全问题；既重视自身安全，又重视共同安全。总体国家安全观要求构建集政治安全、国土安全、军事安全、经济安全、文化安全、社会安全、科技安全、信息安全、生态安全、资源安全、核安全等于一体的国家安全体系。

国家安全涉及国家的方方面面，青年学生是未来国家各行各业的建设者和接班人，是国家和民族未来的希望。对他们进行国防教育和军事训练，使他们掌握必要的国家安全知识和技能，是国家安全的基础工程，只能加强，不能削弱。

① 《十八大报告辅导读本》，人民出版社2012年11月第1版，第42页。

三、世界新军事革命加速推进国防建设转型

世界新军事革命发轫于20世纪六七十年代，90年代全面展开，进入21世纪后呈现加速推进的态势，其实质是工业时代以来建立起来的机械化军事体系向信息时代的信息化军事体系的整体转型。为适应世界新军事革命和战争形态的演变，国防和军队建设必须更新观念，转变思路。

一是突出“质量建军”，走“少而精”道路。信息时代战争制胜的“天秤”由过去的“大吃小”变为“快吃慢”，关键武器技术的先进性和掌握先进武器的人成为赢得战争的关键。在国防和军队建设中，无论是武器装备还是人都必须突出质量要求，以“质量效能”替代过去的“数量规模”。

二是军民分界模糊，军民深度融合。信息时代，许多高技术武器装备是军民通用的。如信息技术、航天技术等，既可以促进经济发展也可用于作战。人才培养同样如此，国防所需的专门人才种类越来越多，有的专业军地通用性很强，可以不编入现役，而以预备役的形式储备于国家各行各业，平时进行必要训练，战时根据需要及时动员，直接投入战争之中。伊拉克战争中，美军有几百家地方公司派遣了约2万名“企业战士”前往海湾地区，主要负责各种装备技术保障与服务。这些“企业战士”与作战部队同步或者先于作战部队进入战场。

三是平战界限淡化，建用高度一致。信息时代的战争，一方面，目标有限，持续时间短，要求军队必须保持常备不懈，随时能够应战；另一方面，来自网络虚拟空间的较量无影无踪，平时与战时不分。国防和军队建设必须摒弃“养兵千日用兵一时”的传统观念，确立“建”就是“战”、建用高度一致的新观念。

学校的国防教育和学生军训工作，要适应上述国防和军队建设的新情况新特点，加强教育训练的针对性和有效性，动员和吸引最优秀的人才投身于国防和军队建设之中，训练和保留“少而管用”的国防后备力量，并动员全社会的力量关心和支持国防和军队建设。

四、实现“中国梦”“强军梦”战略目标要求加快人才培养

党的十八大提出“两个一百年”奋斗目标，习近平总书记率中央政治局常委参观“复兴之路”展览时提出中华民族伟大复兴的“中国梦”，由此确定了当代中国发展的新坐标。中华民族伟大复兴，绝不是轻轻松松、顺顺当当就能实现的。尽管近10多年来，中国超越美国成为拉动世界经济增长最强大的一支力量，但军事实力与世界军事强国相比差距还很大，尚未达到崛起大国的要求。从历史上看，近代以来的大国崛起，无不以强军支撑强国。从现实看，一方面，我国正由新兴大国向世界强国迈进，面临的安全形势日趋复杂，有利因素和不利因素并存，传统安全威胁与非传统安全威胁相互交织，国际安全问题与国内安全问题相互影响；另一方面，国防和军队建设还存在很多问题，“两个不相适应”仍然是军队建设的主要矛盾，“两个差距很大”“两个能力不够”的问题更加尖锐，建设强大军队更加紧迫。因此，习近平总书记强调，“中国梦”是强国梦，对军队来讲，就是强军梦。中国坚决摒弃“国强必霸”的陈旧逻辑，坚定不移地走和平发展道路。国防和军队建设必须放在实现中华民族伟大复兴这个大目标下来认识和推进，为实现“中国梦”提供坚强力量保证。现在，虽然维护国家安全的手段和选择增多了，但军事手段始终是保底的手段。军事安全的保底作用，决定了它是维护国家总体安全的“压舱石”和“定海神针”。

“中国梦”“强军梦”的实现离不开高素质的人才队伍做支撑。青年学生是国家的希望和未来，加强在校学生的国防教育和学生军训工作，是党中央历代领导为维护国家长治久安做出的重大战略决策。在新的历史时期，加强和改进学校国防教育和学生军训工作，既是贯彻总体国家安全观的需要，也是实现“中国梦”“强军梦”的必然要求。

五、深化改革为学校国防教育和学生军训工作创新发展注入强劲动力

2013 年 11 月，党的十八届三中会议通过了《中共中央关于全面深化改革若干重大问题的决定》。该决定对全面深化改革做出了总体部署，学校教育领域也是深化改革内容之一。深化教育领域综合改革要求，全面贯彻党的教育方针，坚持立德树人，加强社会主义核心价值体系教育，完善中华优秀传统文化教育，形成爱学习、爱劳动、爱祖国活动的有效形式和长效机制，增强学生社会责任感、创新精神、实践能力。强化体育课和课外锻炼，促进青少年身心健康、体魄强健。

2015 年 11 月，中央军委召开改革工作会议，对深化国防和军队改革做出全面部署。在这次改革中，新组建成立了中央军委国防动员部，统一领导国防动员和国防后备力量建设工作，以军队来说，学校国防教育和学生军训工作也统一归口到军委国防动员部的管理之下。

无论是教育领域的深化改革，还是国防和军队的深化改革，都对学校国防教育和学生军训工作提出了新要求，同时也带来了改革创新的契机，注入了改革的强劲动力。学校国防教育和学生军训工作必须抓住深化改革的机遇，大胆创新，努力开创新局面，推动工作新发展。

第四节　对学校国防教育和学生军训工作改革创新的思考

站在新的历史起点上，学校国防教育和学生军训工作既要适应时代发展的要求，又要正视现实矛盾与问题。改革创新是时代的要求，也是对现实工作的自我完善。学校国防教育和学生军训工作的改革创新既要有明确的方向和清晰的思路，又要有切实可行的路径和措施。

一、总体思路

学校国防教育和学生军训工作的改革创新，必须以马克思列宁主义、毛泽东思想、邓小平理论、“三个代表”重要思想、科学发展观为指导，深入贯彻落实党的十八大精神和总体国家安全观，适应国家教育改革和国防后备力量建设需要，按照在普及性国防教育的基础上有重点地开展学生军训的思路，对学生军训工作制度进行重新设计和系统改革。力争经过3～5年努力，逐步形成组织领导有力、教育训练规范、保障条件完备、管理运行有序、教育训练成效显著的学校国防教育和学生军训工作新面貌。

学校国防教育，作为全民国防教育的基础，其目的是普及国防知识，培训基本军事技能，激发爱国热情，强化国防观念和自觉履行国防义务的意识。学校国防教育按照《国防教育法》和《全民国防教育大纲》的有关规定，列入普通高校和中小学的必修课程，全员参加，全过程开展。学校国防教育依托校内外资源开展，以课程教学和其他丰富多样的课外活动形式组织实施。

学生军训在学校普及性国防教育基础上有重点、分级分类实施，其基本目标是培养后备兵员、预备役军官和士兵以及各类准备直接招录的现役、非现役人才。根据受训对象和目标的不同，学生军训可分为基础军训、大学军训和专业军训三个层级。基础军训和大学军训按统一的训练大纲组织实施，专业军训按专业方向分类实施。学生军训主要依托军训基地、军队院校和部队组织实施，采用理论学习与实际练习相结合的方式进行。

基础军训，以培养合格兵员和军校学员为目标，主要针对高中生和各类职业学校的学生。训练内容以队列、条令、军人基本素养为主，辅以必要的军事知识学习。基础军训结束后经考试合格者，部分学生可直接入伍服现役，或作为报考军队院校、招飞、直招士官等的必要条件，其他军训对象可作为预备役士兵登记在册。

大学军训，以培养预备役军官为目标，主要针对普通高校在校学生进行。训练内容以军官基本素质教育和军官专业基础教育为主，辅以短期军营体验、军事夏令营等多种形式的实践性活动。大学军训结束后，成绩合格者作为预备役军官登记在册，部分转入更高层级的专业军训。

专业军训，在基础军训和大学军训的基础上，对于部分选定的准备招录为现役军官、专业技术军官、文职人员、士官以及预备役专业分队的普通高校和职业学校学生进行一定时间的专业训练，使他们能顺利走上各个专业岗位，胜任岗位职责。专业军训按照专业类型分别依托各军兵种院校、训练机构或部队实施，训练内容主要以专业知识学习和专业技能训练为主，辅以必要的岗位实践锻炼。专业军训一般在学生毕业后、上岗前进行。

二、主要改革措施

学校国防教育和学生军训工作的改革创新涉及面广、工作难度大，是一项系统工作，在明确改革方向和总体思路后，必须采取一系列相互协调配套的改革措施来推动这项工作的深入开展。

（一）建立健全组织领导机制

对于学校国防教育和学生军训工作，军队和地方教育行政部门共同承担领导责任。为确保共同责任落到实处，必须明确主体责任和协助责任。可以按照地方教育行政部门承担学校国防教育主体责任、军队系统承担学生军训主体责任的思路，建立健全相应的组织机制，军地协同配合，共同组织领导好学校国防教育和学生军训工作。

1. 建立军地联合领导决策机构

为加强对全国各级各类学校国防教育和学生军训工作的统一领导，应在国家层面建立相应的领导机构。该机构可作为国家国防动员委员会内的一个下属议事机构，由国务院分管教育的副总理牵头，吸收国防部和教育部以及相关保障部门领导参加，主要负责讨论和决定有关学校国防教育和学生军训工作的重大事项。其讨论和决定的事项由学校国防教育和学生军训的职能部门负责具体落实和组织实施。

各省（自治区、直辖市）的国防动员委员会参照国家国防动员委员会建立相应的议事机构，负责讨论决定本地区学校国防教育和学生军训的重大事项。

2. 健全上下衔接的学校国防教育和学生军训办事机构

为确保工作落实，在各级教育行政部门和军队系统分别建立相应的职能部门，具体负责组织实施学校国防教育和学生军训工作。

国家和地方各级教育行政部门应设置专职国防教育办公室，负责统一规划、组织协调、督促检查全国和各地学校的国防教育工作，与军事机关协调国防教育资源的调配使用，开展内容丰富、形式多样的国防教育活动。

军队在国防动员系统内设置全国和各地区学生军训办公室，负责具体组织开展全国的学生军训工作。其具体职责是：向各级国动委学校国防教育和学生军训专门机构提供咨询建议，并具体落实其决策部署；制定全国和各地区学生军训工作政策和发展规划；确定全国和各地区每年各级各类学生军训的数量规模；统筹学生军训资源调配使用；全面监管学生军训工作的组织实施；做好军训学生的登记、建档和后续预编等工作；配合地方教育行政部门协调军队国防教育资源开展学校国防教育。

3. 完善相应机构和组织

为加强工作研究和协调，应在建立专职领导机构的基础上，完善各级各类学校的国防教育和学生军训机构和组织。

一是各级各类学校应设置相应机构或指定负责本校国防教育和学生军训的领导及其工作人员。在开展学生军训的普通高校设置专职武装部。高校武装部在校党委统一领导下开展工作，其主要工作职责是：开展丰富多样的学校国防教育活动；搞好思想发动，动员和选拔本校学生参加军训，并配合当地军事机关做好军训学生的登记编组工作；集中军训时与军训基地（军队院校、训练机构）对接，共同负责本校参加军训学生的组织与管理；平时负责本校学兵组织的日常训练和管理以及征兵工作。高校武装部人员编制应按学生规模合理确定，力求精干，其人员应尽量在退役官兵中选拔补充。

高级中学和职业院校应指定一名副校长负责本校学生军训及国防教育工作，并在教导处至少设置一名兼职教师负责本校学生军训工作的组织实施及登记工作。

二是在开展学生军训的普通高校建立学兵组织。为了加强对军训学生的统一管理、巩固军训成果，地方普通高校应仿照民兵编组模式，对参加军训的学生进行统一编组，建立学兵组织，集中军训时按编组参加训练，平时进行自训。高校的学兵组织平时可作为学生工作骨干，必要时也可组织起来对本校新生进行入学教育和校内训练。

三是成立相应的研究协调机构。为加强对学校国防教育和学生军训工作的理论研究和工作协调，提高工作指导的科学性，可依托有关部门设立学校国防教育和学生军训协同创新研究基地。其主要工作职责是：加强学校国防教育和学生军训工作的理论研究，为领导和职能机关决策提供咨询建议；统一组织全国国防教育和学生军训工作的督导、检查和协调；开展师资培训，对全国国防教育和学生军训人员进行统一培训、资格认定及职称评审；及时修订国防教育和学生军训大纲，统编学校国防教育和学生军训教材等。

（二）对学生军训工作制度重新设计

针对当前学生军训工作中普遍存在的主要问题，按照在普及性国防教育基础上有重点地开展学生军训的总体思路，对学生军训工作制度进行系统设计，聚焦后备力量培养，压缩军训规模，提高质量效益，努力实现三个转变，即军训模式由全员统一模式向有重点、分层次、分类型的多样化模式转变；训练内容由一般性国防知识教育为主向符合各级各类国防后备力量建设需求的综合军事素质培养转变；训练方法和形式由因地制宜的不规范训练向依托军训基地和军队院校的规范化训练转变。

1. 根据后备力量建设需求，合理确定军训数量规模和重点

改变目前大学和高中全员军训的做法，遵循“需求牵引，按需军训”的原则，确保学生军训工作的实效性。

一是依据年度新兵补充数量确定基础军训学生总体规模。按照每年新兵征集量一定比例确定参加基础军训学生的总体规模，在适龄青年进行兵役登记后，对于登记学生进行基础军训，在基础军训过程中进一步筛选兵员。

二是根据后备力量结构确定各级各类军训学生比例。按照后备力量中的官兵结构、军兵种结构、专业结构要求，合理确定各级各类军训学生的数量规模，努力使受训学生的数量、层级和类型与后备力量结构相统一。

三是根据国防建设和未来战争需要确定重点军训的对象。随着战争形态的发展，后备力量储备中一些技术含量不高的军兵种人员数量将逐步减少，与未来战争紧密联系的电子、通信、网络、航空航天、航海、气象、运输、工程维护以及医学、护理等专业的后备力量储备将大大增加。与此相适应，学生军训工作应突出重点，对于与上述专业相关的院校和专业开展重点军训，加大军训学生的比例。此外，还要考虑到与军队院校的专业互补性，重点加强军队院校稀缺专业学生的军训。

2. 依托军训基地和军队院校（训练机构），实施规范化军训

为保证军训的规范性和严肃性，学生军训必须努力做到军训机构正规、军训人员具备相应资质、军训设施和器材场地完善配套。基础军训和大学军训主要依托军训基地实施，有些训练内容也可由军训基地派出人员到地方学校组织实施。专业军训则必须依托各军兵种相应院校和训练机构实施，有些院校尚未开设的专业可直接挂靠相应部队进行对口专业军训。

学生军训主管部门应针对不同层次、不同类型学生军训的具体目标制定相应的军训大纲。军训基地、军队院校（训练机构）在组织学生军训过程中，要严格落实大纲规定，确保训练时间、训练内容、训练标准三落实。要严格考核制度，只有经考核合格获得各层级（类）军训合格证书的学生才能取得相应岗位任职资格。为了确保军训质量，各级各类军训都应规定一定的淘汰率。

3. 纳入后备力量建设体系，实施标准化保障

学生军训作为后备力量建设的一项重要内容，属于国家行为，其各项保障应该纳入后备力量建设体系之中，实行统一保障。我们认为，在压缩

军训规模后，学生军训所需的经费、服装、器材和武器装备等，应按照民兵预备役训练的标准进行保障。只有这样才能保障学生军训的规范性、严肃性，并调动青年学生参加军训的积极性。

经费保障。学生军训所需费用可由国家财政和地方政府预算共同承担。军训经费可以专款下拨的形式，主要用于军训耗材的购买、伙食开支等，还可给受训学生发放一定军训津贴和学费补助。

器材、被装保障。学生军训所需器材和被装可以参照民兵预备役训练的保障模式，由训练机构统一配发使用。军训服装可以在统一服饰的基础上加上学生军训标识，以体现军训特色。

武器装备保障。学生军训所需轻武器及其弹药应按训练大纲规定的训练内容予以保障，平时由军训机构统一保管。专业军训所需的各种武器装备应由承担训练任务的军队院校、训练机构和部队予以保障，对此可列入训练任务下达到相关单位。要尽量缩小学生军训武器装备与现役部队武器装备的差距。

（三）搞好三项基本建设

为确保学校国防教育和学生军训工作的规范性、科学性，必须搞好军训基地、师资队伍和课程三项基本建设。

1. 军训基地建设

各省（自治区、直辖市）应根据本地区军训学生的数量规模，按照“统一规划、合理分布、整合资源、综合利用、完善配套”的原则，采取新建、与民兵预备役部队训练基地合建或改扩建民兵预备役部队训练基地的办法，集中建设一批功能齐全、设施配套、手段比较先进的学生军训基地，确保学生军训工作的基地化、规范化。学生军训基地一般应建在城市郊区，各地级市原则上至少应建一个军训基地，高校比较集中的省会城市（直辖市）可扩大军训基地规模和数量。军训基地应列入省军区（卫戍区、警备区）编制序列，其经费保障可由中央财政与地方财政列入预算单独划拨。训练所需的武器装备和训练器材应列入民兵预备役部队训练装备，由军队统一配发使用。军训基地采用分期、分批的方式循环组织辖区内高等院校和高级中学学生的基础军训和大学军训。

2. 师资队伍建设

为确保学校国防教育和学生军训工作的规范性、严肃性，必须建立一支专兼职结合、相对稳定的师资队伍。师资队伍的基本构成可分为三部分：一是国防教育教师，二是军训教员，三是士官队伍。

国防教育教师主要承担学校国防教育任务，采用专兼职结合的方式聘用。普通高校可在教师序列中配备一定比例的专职国防教育教师，担负本校国防教育的组织和教学任务，同时在校内外选聘部分有相关研究专长的教师、学者或领导作为兼职国防教育教师。军队要在全军范围内定期推荐一批学者和部队领导作为国防教育兼职教师，供地方学校选聘。此外，还要发挥退役军官和军队院校知名专家教授的作用，聘请他们担任兼职国防教育教师。

军训教员主要承担学生军训专业课程的教学与训练任务，可以现有派遣军官队伍和国防生选培办为基础，适当增加员额组成。军训教员的主体列入省军区（卫戍区、警备区）编制，在全省范围内调配使用，部分军训教员采用编外列编的形式编入承担专业军训任务的军队院校（训练机构）。军训教员可从军队院校和部队基层干部中选拔，经业务培训后任教。军训教员的管理可参照军队院校专业技术军官相关政策执行，其职称评审、专业技术等级晋升应与军队院校专业技术军官保持一致。为不断提高军训教员的业务水平，可依托国防大学和军种指挥院校开设专门的军训教员师资培训班，有计划、分步骤地对军训教员进行培训、轮训。

士官队伍主要担负队列训练和部分军事技能课目训练任务，可编入各地区预备役部队之中，平时作为预备役部队的骨干，承担军训任务时，由省军区（卫戍区、警备区）统一调派，分配到各军训基地组织学生军训。

3. 课程建设

规范的课程是确保军训规范性和提高军训质量的前提。为此，当前应重点抓好以下几项工作：

一是适时更新学校国防教育大纲和各级各类学生军训大纲。学校国防教育和学生军训的内容体系必须与时代发展同步，符合教育目的和军训目标的要求，并与各个年龄段学生认知水平相适应。为此，每隔3～5年应组织修订一次学校国防教育大纲和各级各类学生军训大纲。适应战争形态演变和后备力量建设发展需要，不断调整完善课程体系，充实和更新课程内容及其表现形式。特别是要充分利用地方学校和军队院校信息化建设成果，大力开发网络课程、模拟训练等具有时代特征的课程表现形式，以提高学校国防教育和学生军训工作质量和效益。

二是统一编写学校国防教育和学生军训教材。按照各级各类学校国防教育和学生军训大纲规范，编写系列国防教育和学生军训教材，作为开展学校国防教育和实施学生军训的基本依据。

三是地方各级各类学校要把国防教育和学生军训课程正式列入学生学籍管理系统，根据国防教育和学生军训课程的时间、内容和考核成绩，折算成学分，记入学生的学籍档案。

（四）修改完善法规政策

学校国防教育和学生军训工作制度的改革涉及相关法规政策的修改与完善。

1. 修改制定相关法规

一是修改《中华人民共和国兵役法》第八章“高等院校和高级中学学生的军事训练”相关规定，变全员学生军训为“在普及性国防教育基础上有重点地开展学生军训”，并相应调整学生军训的组织实施规定。

二是修改《中华人民共和国国防教育法》第二章“学校国防教育”相关规定，按照“在普及性国防教育基础上有重点地开展学生军训”的思路对学校国防教育进行重新规范，并删除有关学生军事训练的规定，以免与其他法规冲突。

三是制定《学生军事训练工作条例》。该条例作为开展学生军训工作的基本法规依据，要对学生军训的目的、任务、原则、组织领导以及机构设置、师资配备、各项保障、奖惩措施等进行明确规范。该条例既要体现严格的规范性，又要充分考虑各方面的条件建设，确保法规的可执行性。

2. 完善后备力量储备制度

经过分级分类军训的学生除部分直接入伍服现役外，大部分学生将作为后备力量储备起来。为了充分利用并巩固学生军训工作成果，必须建立并完善与之配套的后备力量储备制度。《兵役法》《预备役军官法》和《国防动员法》有关后备力量储备和动员的相关规定应做适当调整，确保学生军训成果真正转化到后备力量建设之中。

3. 完善政策激励机制

为鼓励青年学生积极参加军训、投身国防事业，应该在政策制度层面采取相应措施，形成有效的激励机制。军队和地方政府、教育行政部门应根据各地实际，参照大学生入伍的一些政策规定，制定诸如学费减免、津贴补助、升学就业优先等政策措施，有些公务员和军工企业等就业岗位可以考虑把军训合格作为入职的必备条件。各项法规政策要做到相互配套、上下衔接，既要力求做到统一规范，又要考虑到各地实际、因地制宜；既要保持一定的政策延续性，又要根据情况的发展变化适时调整补充。

（五）加强思想教育和宣传引导

学校国防教育和学生军训制度改革涉及方方面面，是一项创新性的系统工程，能否达到预期目的，需要统一思想认识，做好深入的思想发动工作。

1. 加强思想教育

军队有关职能部门和学校各级党组织要站在国家安全和战略全局的高度，做好学校国防教育和学生军训的思想动员工作。通过教育动员使广大青年学生充分认识到，深入开展学校国防教育和学生军训改革是贯彻总体国家安全观的实际需要，是实现“中国梦”“强军梦”的必然要求，对于加强国防和军队建设，培养国防后备人才具有十分重要的深远意义。

学校国防教育要把动员学生积极参加军训作为一项重要的教育内容突出出来，要向全体青年学生宣传参加军训既是履行公民国防义务的一种形式，也是提高自身综合素质的有效途径，利国、利军、利己。鼓励符合条件的青年学生积极投身到军训之中，通过刻苦训练，增长才干，报效国家，实现自我。

2. 搞好舆论引导

要充分发挥报刊、广播、电视、互联网等新闻媒体的作用，广泛开展丰富多样的国防教育，并大力宣传报道学生军训工作的重要性、必要性，广泛宣传学生军训工作取得的成效和军训工作中的先进事迹，积极推广学生军训工作的新思路、新做法、新经验。要注重发挥校园网、手机微信等新媒体平台贴近学生、时效性好的特点，进行多样化宣传引导。

3. 进一步丰富校园国防文化

要把我军先进军事文化与新时代校园文化有机结合起来，努力打造一个既能反映青年学生精神面貌，又富有军味、兵味的独特的校园国防文化。要在各级各类学校广泛开展军事礼仪、军事音乐、军事竞技、军事沙龙等军事文化和体育活动，开设军事选修课和国防教育专题讲座，开办国防教育网站、刊物和宣传专栏，举办国防教育演讲比赛、国防知识竞赛、军事夏（冬）令营等活动。通过这些活动，努力营造浓厚的校园国防文化氛围，激发广大青年学生学习军事知识的兴趣和参加军训的热情，促进学校国防教育和学生军训工作深入开展。

附录

附录1　14所军训试点高等学校的21个军事专业计划表

（1955～1957）

学校名称	科、系	专　业	军事训练专业
北京邮电学院	无线系	无线电通信和广播专业	无线通信技术人员
	有线系	电话、电报通信专业	电话、电报通信技术人员
	经济系	邮电通信经济及组织	
天津大学	机械系	化学生产机械及设备	防化学指挥军官
	化学系	矽酸盐工学	
		有机染料及中间体工学	
		燃料化学工学	
		无机物工学	
		植物纤维造纸工学	
		基本有机合成	
北京钢铁学院	冶金系	采钢	步兵武器技术人员
		炼钢	
		电冶金	
		铸造	
	机械系	冶金厂机械设备	高炮地炮技术人员
	工艺系	金属学及钢铁热处理	地面炮兵技术人员
		钢铁热力加工	
	采矿系	矿区开采	

续表

<table>
<tr><th>学校名称</th><th>科、系</th><th>专　业</th><th>军事训练专业</th></tr>
<tr><td rowspan="4">东南土木建筑学院</td><td>营建系</td><td>工业与民用建筑</td><td>建筑机关技术人员</td></tr>
<tr><td>道路系</td><td>公路与城市道路</td><td>公路勤务技术人员</td></tr>
<tr><td>铁道系</td><td>铁道建筑</td><td>铁道建筑技术人员</td></tr>
<tr><td>桥梁隧道系</td><td>铁道桥梁与隧道</td><td>铁道架桥及隧道技术人员</td></tr>
<tr><td rowspan="12">大连工学院</td><td rowspan="4">水利工程系</td><td>河川结构与水电站工程</td><td rowspan="4">海军筑港及海岸炮兵阵地筑城技术军官</td></tr>
<tr><td>水工结构</td></tr>
<tr><td>水能利用</td></tr>
<tr><td>水道与港口的水工建筑</td></tr>
<tr><td rowspan="3">机械工程系</td><td>起重运输机构</td><td rowspan="3">海岸炮兵指挥军官</td></tr>
<tr><td>机械制造</td></tr>
<tr><td>筑造工学及机械</td></tr>
<tr><td rowspan="5">化学工程系</td><td>无机物工学</td><td rowspan="5">海军舰艇部队化学勤务指挥军官</td></tr>
<tr><td>有机合成物工学</td></tr>
<tr><td>燃料化学工学</td></tr>
<tr><td>主要有机合成物工学</td></tr>
<tr><td>化学生产机械及设备</td></tr>
<tr><td rowspan="7">重庆大学</td><td rowspan="2">机械制造系</td><td>机械制造工艺</td><td rowspan="7">步兵武器技术人员</td></tr>
<tr><td>冶金厂机械设备</td></tr>
<tr><td>冶金系</td><td>钢铁冶金</td></tr>
<tr><td>动力系</td><td>热能动力装置</td></tr>
<tr><td>采矿系</td><td>矿区开采</td></tr>
<tr><td rowspan="2">电机系</td><td>电机及电器</td></tr>
<tr><td>发电厂电网及电力系统</td></tr>
<tr><td rowspan="2">北京体育学院</td><td>体育系</td><td>体育专业</td><td rowspan="2">步兵指挥军官</td></tr>
<tr><td>专修系</td><td>体育专业</td></tr>
</table>

续表

学校名称	科、系	专　业	军事训练专业
南京工学院	动力工程系	热能动力装置	炮兵指挥军官
		发电厂配电网及联合输电系统	
		工业企业电气化	
	机械制造系	机械制造工艺	
		铸造工艺及机器	
		农业机器	
	土木工程系	工业与民用建筑	防御工事技术军官
		公路与城市道路	
		建筑成品与零件生产	
		工程测量学	
	建筑系	建筑学	
	食品工业系	粮食加工工艺及粮食仓库管理	防化学指挥军官
		发酵剂制造工学	
		油脂工学	
	化学工程系	矽酸盐工学	
华中工学院	机械制造系	机械制造工艺	高射炮兵技术军官
		铸造工艺及机器	
		金属压力加工及机器	
		金属学及热处理	
		冶金厂机械设备	
		蒸汽活塞机	
	动力系	水力动力	探照灯技术军官
		热能动力装置	
		工业热能学	
		发电厂和工业装置用水	
	电力系	电机及电气	
		发电厂电力网	
		工业企业电气化	

续表

学校名称	科、系	专　业	军事训练专业
大连海运学院	轮机系	船舶动力装置	机电部门指挥军官
		船舶动力修理	修理监用技术军官
	驾驶系	船舶动力驾驶	航海指挥军官
	航务系	海运管理	
北京医学院	医疗系	医疗	军医军官
	卫生系	卫生	
	药学系	药学	
	口腔系	口腔医学	
	儿科系	儿科医疗	
山东农学院	农学系	农学	步兵指挥军官
	园艺系	果树蔬菜	
	植保系	植物保护	
	林学系	森林经营	
	畜牧系	畜牧	
	土壤系	土壤农化	
西安师范学院		数学	步兵指挥军官
		物理	
		地理	
		历史	
		中国语文	
		政治教育	
昆明师范学院		数学	炮兵指挥军官
		物理	
		化学	
		历史	
		中国语文	

资料来源：朱世杰、廖文科：《学校国防教育史》，军事谊文出版社 2003 年版。

附录2　1986年军训试点高校基本情况一览表

序号	学校名称	主管部门	校址	组训形式	参训学生数（人）	应配军事教员数（人）	抽调单位
1	北京大学	国家教委	北京市	到部队训练	2000	13	北京军区
2	清华大学	国家教委	北京市	到部队训练	2114	14	
3	北京体育师范学院	北京市	北京市	学校训练	200	4	
4	北京钢铁学院	冶金部	北京市	学校训练	720	10	
5	天津大学	国家教委	天津市	到部队训练	1900	12	
6	天津财经学院	天津市	天津市	学校训练	690	10	
7	天津第二医学院	天津市	天津市	学校训练	210	4	
8	河北师范大学	河北省	石家庄市	学校训练	1085	13	
9	承德医学院	河北省	承德市	学校训练	160	3	
10	山西大学	山西省	太原市	学校训练	1305	15	
11	内蒙古师范大学	内蒙古自治区	呼和浩特市	学校训练	680	10	
12	辽宁大学	辽宁省	沈阳市	学校训练	1345	16	沈阳军区
13	阜新矿业学院	煤炭部	阜新市	到部队训练	540	4	
14	吉林工业大学	机械工业部	长春市	到部队训练	1273	8	
15	白求恩医科大学	卫生部	长春市	学校训练	470	7	
16	延边大学	吉林省	延吉市	学校训练	475	6	
17	黑龙江大学	黑龙江省	哈尔滨市	到部队训练	1036	12	
18	哈尔滨船舶工程学院	船舶总公司	哈尔滨市	到部队训练	986	7	

续表

序号	学校名称	主管部门	校址	组训形式	参训学生数（人）	应配军事教员数（人）	抽调单位
19	山东大学	国家教委	济南市	学校训练	1396	9	济南军区
20	青岛化工学院	化工部	青岛市	学校训练	512	7	
21	华东石油学院	石油部	东营市	学校训练	1275	15	
22	郑州大学	河南省	郑州市	学校训练	1250	15	
23	河南师范大学	河南省	新乡市	学校训练	910	10	
24	复旦大学	国家教委	上海市	到部队训练	1617	10	南京军区
25	上海师范大学	上海市	上海市	学校训练	1074	13	
26	上海冶金专科学校	上海市	上海市	学校训练	395	6	
27	南京工学院	国家教委	南京市	到部队训练	1350	9	
28	河南大学	水利电力部	南京市	学校训练	991	12	
29	南京铁道医学部	铁道部	南京市	学校训练	325	5	
30	苏州大学	江苏省	苏州市	学校训练	940	11	
31	中国矿业学院	煤炭部	徐州市	到部队训练	1128	7	
32	镇江船舶学院	船舶总公司	镇江市	学校训练	505	7	
33	江苏农学院	江苏省	扬州市	学校训练	615	8	
34	江苏化工学院	江苏省	常州市	学校训练	255	4	
35	浙江大学	国家教委	杭州市	到部队训练	2205	13	
36	浙江医科大学	浙江省	杭州市	学校训练	440	7	
37	安徽农学院	安徽省	合肥市	学校训练	630	9	
38	安徽大学	安徽省	合肥市	学校训练	811	9	
39	安徽财贸学院	全国供销总社	合肥市	学校训练	344	6	
40	江西工业大学	江西省	合肥市	学校训练	625	8	
41	江西财经大学	财政部	南昌市	学校训练	755	8	
42	福州大学	福建省	福州市	学校训练	1627	18	
43	福建师范大学	福建省	福州市	学校训练	1265	14	
44	厦门大学	国家教委	厦门市	到部队训练	1508	9	

续表

序号	学校名称	主管部门	校址	组训形式	参训学生数（人）	应配军事教员数（人）	抽调单位
45	中山大学	国家教委	广州市	到部队训练	1865	12	广州军区
46	华南师范大学	广东省	广州市	学校训练	1490	17	
47	深圳大学	广东省	深圳市	学校训练	715	9	
48	湖南师范大学	湖南省	长沙市	学校训练	1395	16	
49	同济医科大学	卫生部	武汉市	学校训练	520	8	
50	武汉大学	国家教委	武汉市	到部队训练	1770	11	
51	广西师范学院	广西自治区	南宁市	学校训练	398	6	
52	成都电讯工程学院	电子工业部	成都市	学校训练	1425	16	成都军区
53	重庆大学	国家教委	重庆市	到部队训练	1960	12	
54	西南石油学院	石油部	南充市	学校训练	700	8	
55	云南师范大学	云南省	昆明市	学校训练	802	10	
56	贵州大学	贵州省	贵阳市	学校训练	590	7	
57	贵州师范大学	贵州省	贵阳市	学校训练	750	9	
58	西安交通大学	国家教委	西安市	到部队训练	2410	14	兰州军区
59	西北电讯工程学院	电子工业部	西安市	学校训练	1255	14	
60	西安公路学院	交通部	西安市	学校训练	880	11	
61	兰州大学	国家教委	兰州市	到部队训练	1380	9	
62	西北师范学院	甘肃省	兰州市	学校训练	1100	13	
63	青海师范大学	青海省	西宁市	学校训练	280	4	
64	宁夏大学	宁夏自治区	银川市	学校训练	490	7	
65	新疆八一农学院	新疆自治区	乌鲁木齐市	学校训练	732	9	
66	大连海运学院	交通部	大连市	学校训练	800	10	海军
67	集美航海学校	交通部	福建集美镇	学校训练	330	4	
68	北京航空学院	航空工业部	北京市	学校训练	1190	13	空军
69	国防科技大学	国防科工委	长沙市	学校训练	660	10	国防科工委

资料来源：教育部国防教育办公室：《学校国防教育文献汇编：1949～2004年》，军事谊文出版社2004年版。

附录 3　1987 年新增加军训试点高校基本情况一览表

序号	学校名称	主管部门	校址	组训形式	参训学生数（人）	应配军事教员数（人）	抽调单位
1	中国人民大学	国家教委	北京市	到部队训练	1370	6	北京军区
2	北京邮电学院	邮电部	北京市	到部队训练	850	4	
3	北京电影学院	广播电影电视部	北京市	到部队训练	80	3	
4	北京工业学院	机械工业委员会	北京市	到部队训练	1340	6	
5	北京师范大学	国家教委	北京市	到部队训练	1470	7	
6	北京经济学院	北京市	北京市	到部队训练	474	3	
7	北京外语学院	国家教委	北京市	学校训练	451	5	
8	中国青年政治学院	共青团中央	北京市	学校训练	200	3	
9	北京商学院	商业部	北京市	学校训练	509	5	
10	北京化工学院	化学工业部	北京市	学校训练	660	6	
11	北京体育学院	国家体委	北京市	学校训练	440	4	
12	南开大学	国家体委	天津市	到部队训练	1645	8	
13	东北工学院	冶金部	沈阳市	到部队训练	1410	6	沈阳军区
14	沈阳农业大学	农牧渔业部	沈阳市	学校训练	630	6	
15	东北财经大学	财政部	大连市	到部队训练	1020	5	
16	东北师范大学	国家教委	长春市	到部队训练	1486	7	
17	吉林工学院	吉林省	长春市	到部队训练	486	3	
18	吉林建筑工程学院	吉林省	长春市	学校训练	250	3	
19	哈尔滨工业大学	航天工业部	哈尔滨市	到部队训练	1710	8	

续表

序号	学校名称	主管部门	校址	组训形式	参训学生数（人）	应配军事教员数（人）	抽调单位
20	烟台师范学院	山东省	烟台市	学校训练	270	3	济南军区
21	华东师范大学	国家教委	上海市	学校训练	1504	13	南京军区
22	同济大学	国家教委	上海市	到部队训练	1988	10	
23	上海交通大学	国家教委	上海市	到部队训练	2471	12	
24	南京林业大学	林业部	南京市	学校训练	455	5	
25	中国科技大学	中国科学院	合肥市	到部队训练	880	4	
26	合肥工业大学	机械工业委员会	合肥市	学校训练	1320	12	
27	长沙交通学院	交通部	长沙市	学校训练	510	5	广州军区
28	湖北工学院	湖北省	武汉市	学校训练	530	5	
29	四川大学	国家教委	成都市	到部队训练	1480	7	成都军区
30	重庆建筑工程学院	城市建设环境保护部	重庆市	学校训练	990	9	
31	华西医科大学	卫生部	成都市	到部队训练	595	3	
32	四川师范大学	四川省	成都市	学校训练	825	8	
33	陕西机械学院	机械工业委员会	西安市	学校训练	860	8	兰州军区
34	西北工业大学	航空工业部	西安市	到部队训练	1325	6	
35	陕西师范大学	国家教委	西安市	到部队训练	1380	6	
36	西安外语学院	陕西省	西安市	学校训练	246	3	

资料来源：教育部国防教育办公室：《学校国防教育文献汇编：1949～2004年》，军事谊文出版社2004年版。

附录4　中华人民共和国高等学校学生军事训练计划大纲

（培养预备役海军尉官）

（1956年10月）

训练的任务与指示：

一、本大纲适用以高等学校学生培养成为海军舰艇航海、机电战斗部门预备役初级军官及海军舰艇修造监用预备役军官的军事训练。经过军事训练的学员，应具有爱国主义与国际主义精神，能够自觉地遵守军事纪律与严守国家机密，学习结束后有关专业的学生，必须对中国人民解放军发展简史及军队政治工作，舰艇运动，舰艇生命力课程，有全面系统的了解，对本计划所列之其他课程，要求作为一般的军事知识了解，为今后逐年的军事集训打下基础。

共同科目训练的目的，使学生知道步（骑）枪、自动枪、手枪的性能和用途，一般构造及使用方法，组织射击教练的方法，能进行步（骑）枪、自动枪、手枪的不完全分解结合及手枪射击第一练习实弹射击，使学生了解共同条令（内务、队列、纪律、卫戍条令）的一般精神。

舰艇运动训练的目的，使学生掌握舰艇运动的基本理论和必要的实作能力，学习结束后学生应知道舰艇运动的理论基础和各种舰艇运动的实际运用方法，能进行舰艇运动的绘算。对航海学的基本知识，会做简单的航路绘算和用主要的地文方法测定舰位。

舰艇生命力训练的目的，使学生掌握舰艇损害管制技术器材，战斗准备规则及舰艇损害管制的方法，知道舰艇损害管制工具及维持其经常的战斗准备规则，维持舰艇不沉性、救火、灭火工具与技术器材，损害管制的基本方法及轻潜水作业基础，知道如何组织和进行各种维持水面舰艇生命力的器材经常的战斗准备，组织并进行中队职责范围的水平面舰艇损害管制。

海军兵器技术器材训练的目的，使学生了解海军兵器的使命、战斗性能、一般构造原理及其使用方法，以及观察通讯组织的一般原则，并了解原子武器的战斗性能、杀伤作用、组织分队对化学的防护，领导消除袭击的后果及所属人员进行化学训练。

海军战术基础训练的目的，使学生了解海军各兵种的战术性能和特点与战斗使用的一般原则，知道各级舰艇的使命、任务、战术技术诸元，能在一般情况下按联合航行规则进行基本队形的变换。

舰艇勤务组织和战斗训练方法的目的，使学生了解水面舰艇战斗、日常勤务组织原则与战斗训练组织和航海、机电战斗部门训练方法。

二、军事训练分为校内训练和舰艇（部队）参观实习，校内训练时间为200小时，自习时间在学校总的自习时间内酌情解决。军事训练开始时间从第二学年开始，在（2、3、4）3个学年内进行完毕，并利用第4学年暑期时间进行舰艇（部队）参观实习，时间为3周，每周34小时，共102小时。

军事训练是高等学校的重要课程之一，军事课程应包括在学校训练计划之内为了顺利地完成训练任务，应与院（校）党、团组织及其他有关部门取得密切配合，协同一致，并应取得海军学校、部队的支持帮助。

为了保证训练质量在校内训练总的科目和时间不变的条件下，院（校）长和军事教研组（室）主任可以适当的调整科目和时间，舰艇（部队）参观应根据具体条件（如天气变化等）适当的调整与机动，暑期训练每日最多不超过6小时。

考试制度和方法应与学校的规定取得一致，为了不使学生负担过重，每一学年只选一门主要科目进行考查，每一学期可选一门主要科目进行考试，如因特殊情况可以不进行考查，校内训练与舰艇（部队）参观实习进行完毕，举行毕业考试，一般不超过两门，毕业考试时间利用假期进行。

三、在训练方法上，由于军事训练时间有限，实施训练应采取速成的办法，解决所需要的主要海军专业基础知识，同时还必须照顾必备的普通的军事科学知识学习，根据培养对象、培养目标的要求及学生的具体情况，军事训练方法应尽量与学校的教学方法结合起来，在教学过程中应贯彻理论与实际（舰艇、部队、学生）相结合的原则和群众路线的方法，引导与发挥学生、教员的积极性、创造性，不断改进教学方法，提高训练质量，为此必须：

在训练指导方法上，应掌握重点，根据由浅到深、由简到繁、循序渐进、逐步提高的原则，防止过高过深的偏向，同时要善于总结推广教学经验。

在理论课的教学方法上，应采取重点讲解和自行阅读相结合的方法，避免照本宣读，尽可能地结合学生已有科学知识，在教学过程中，应尽量利用模型、图表、挂图、电影、参观和可能利用的实物教学。

教员应根据各种舰艇的战斗训练教范、条令、教材，按所担任的课程编写教学提纲、作业指导方法，内容力求重点明确具体，避免过宽、过多、冗长文件。

教员的备课试讲、讲授、辅导，一定要结合学生的具体情况，经常听取学生的意见，不断改进教学方法。

舰艇（部队）参观实习讲授、示范动作，参观等方法灵活进行，使学员能自由愉快的学习，不应使其感到过度的紧张以致疲劳，但必须是有组织、有计划地实施训练，使学生既能学到一定的军事技能，海军舰艇、部队的实际生活常识，又能愉快地度过假期。

大连海运学院轮机系军训科目时间分配表

科次	科目名称	总计		第二学年		第三学年		第四学年		野营训练时数	考查	考试
		总时数	百分比	第三学期	第四学期	第五学期	第六学期	第七学期	第八学期			
1	中国人民解放军发展简史各军种兵种常识	8	3%	8								
2	军队政治工作	8	3%	8								
3	步兵轻武器及射击训练	16	5.3%	16							3	
4	共同条令知识	10	3.3%							10		
5	航海学基础	18	6%	4	14							
6	海军兵器技术器材及其战斗使用	64	21%		16	24				24	4.5	
7	海军战术基础	36	12%			6	30					6
8	舰艇生命力学	80	26.5%					22	30	28	7	
9	对原子防护	8	3%					8				
10	舰艇勤务组织和机电部门战斗训练方法	30	9.3%							30	暑	
11	机动	24	7.9%									
	合计	302		36	30	30	30	30	30	92		
附注	毕业考试科目：1. 舰艇生命力；2. 海军战术基础。 考查栏内之数字为学期之时间。											

资料来源：朱世杰、廖文科：《学校国防教育史》，军事谊文出版社2003年版。

附录 5　中国人民大学民兵训练各学年课目内容时间配当表

学年	课目	主要内容	时间		
			小时	小计	合计
第一学年	人民战争	如何正确对待人民战争	8	22	32
		什么是人民战争，怎样实行人民战争	8		
		民兵在革命战争中的地位和作用	6		
	骑枪基本射击第一练习	简易射击学理及兵器介绍	2	8	
		卧姿有依托对不动目标射击动作要领	4		
		实弹射击	2		
	机　动		2	2	
第二学年	人民军队	为什么无产阶级必须建立自己的军队	4	24	32
		中国人民解放军的性质与任务	6		
		中国人民解放军的建军原则	10		
		什么是三八作风	2		
		怎样贯彻三八作用	2		
	骑枪基本射击第二练习	卧姿无依托对不动目标射击动作要领	4	6	
		实弹射击	2		
	机动		2	2	
第三学年	人民战争的战略战术	战略上藐视敌人、战术上重视敌人	2	22	32
		消灭敌人，保存自己	4		
		十大军事原则	14		
		灵活地运用运动战、游击战、阵地战	2		
	班进攻	单兵动作、步兵班进攻	8	8	
	机动		2	2	

续表

学年	课目	主要内容	时间		
			小时	小计	合计
第四学年	三防教育	防原子、防化学	6	8	32
		防空	2		
	班防御	单兵动作、步兵班防御	6	6	
	“五一”式手枪射击练习	“五一”式手枪介绍	2	8	
		立姿射击的动作要领	4		
		实弹射击	2		
	排进攻	步兵排进攻	8	8	
	机动		2	2	
备注					

资料来源：朱世杰、廖文科：《学校国防教育史》，军事谊文出版社 2003 年版。

附录6　普通高等学校军事课教学大纲

（2006年修订）

根据《中华人民共和国国防法》、《中华人民共和国兵役法》、《中华人民共和国国防教育法》以及国务院、中央军委有关文件精神，结合我国高等教育和普通高等学校的实际，制定本《大纲》。

一、课程性质

军事课程是普通高等学校本、专科学生的必修课。军事课程以马列主义、毛泽东思想、邓小平理论和“三个代表”重要思想为指导，贯彻和落实科学发展观，按照教育要面向现代化、面向世界、面向未来的要求，适应我国人才培养战略目标和加强国防后备力量建设的需要，为培养高素质的社会主义事业的建设者和保卫者服务。

二、课程目标

军事课程以国防教育为主线，以军事理论教学为重点，通过军事教学，使学生掌握基本军事理论与军事技能，增强国防观念和国家安全意识，强化爱国主义、集体主义观念，加强组织纪律性，促进综合素质的提高，为中国人民解放军训练储备合格后备兵员和培养预备役军官打下坚实基础。

三、课程要求

军事课（含军事理论教学和军事技能训练）列入普通高等学校的教学计划，考试成绩记入学生档案，学校应当按照本《大纲》组织实施军事课教学，严格考勤考核制度。

军事理论教学时数为36学时。学校在完成规定的学时外，应积极开设与军事课相关的选修课和举办讲座。在军事课教学中，要注重理论联系实际，掌握好深度和广度，不断改进教学方法和手段，确保教学质量。

军事技能训练时间为2—3周，实际训练时间不得少于14天。在组织军事技能训练时，要以中国人民解放军的条令条例为依据，严格训练，严格要求，培养学生良好的军事素质。

四、课程内容

（一）军事理论教学内容和教学目标

第一单元　中国国防

【教学内容】（1）国防概述（国防要素；国防历史；主要启示）。（2）国防法规（国防法规体系；公民国防权利和义务）。（3）国防建设（国防领导体制；国防建设成就；国防建设目标和国防政策；武装力量建设）。（4）国防动员（人民武装动员；国民经济动员；人民防空动员；交通战备动员；国防教育）。

【教学目标】了解我国国防历史和国防建设的现状及其发展趋势，熟悉国防法规和国防政策的基本内容，明确我军的性质、任务和军队建设指导思想，掌握国防建设和国防动员的主要内容，增强依法建设国防的观念。

第二单元　军事思想

【教学内容】（1）军事思想概述（形成与发展；体系与内容）。（2）毛泽东军事思想（科学含义；主要内容；历史地位和现实意义）。（3）邓小平新时期军队建设思想（主要内容；地位作用）。（4）江泽民论国防和军队建设思想（主要内容；地位作用）。（5）胡锦涛关于国防和军队建设重要论述（主要内容；地位作用）。

【教学目标】了解军事思想的形成与发展过程，熟悉我国现代军事思想的主要内容、地位作用及科学含义，树立科学的战争观和方法论。

第三单元　国际战略环境

【教学内容】（1）战略环境概述（基本要素；战略与战略环境）。（2）国际战略格局（现状和特点；发展趋势）。（3）我国周边安全环境（演变与现状；发展趋势；国家安全政策）。

【教学目标】了解国际战略格局的现状、特点和发展趋势，正确认识我国的周边安全环境现状和安全策略，增强国家安全意识。

第四单元　军事高技术

【教学内容】（1）军事高技术概述（概念与分类；发展趋势；对现代作战的影响）。（2）高技术在军事上的应用（精确制导技术；隐身伪装技术；侦察监视技术；电子对抗技术；航天技术；指挥控制技术；新概念武器）。（3）高技术与新军事变革。

【教学目标】了解军事高技术的内涵、分类、发展趋势及对现代战争的影响，熟悉高技术在军事上的应用范围，掌握高技术与新军事变革的关系，激发学习科学技术的热情。

第五单元　信息化战争

【教学内容】（1）信息化战争概述。（2）信息化战争的特征与发展趋势。（3）信息化战争与国防建设。

【教学目标】了解信息化战争的形成、发展趋势和与国防建设的关系，熟悉信息化战争的特征，树立打赢信息化战争的信心。

（二）军事技能训练内容和教学目标

第一单元　条令条例教育与训练

【训练内容】（1）《内务条令》教育。（2）《纪律条令》教育。（3）《队列条令》教育（单个军人队列动作训练；分队队列动作训练）。

【教学目标】了解中国人民解放军三大条令的主要内容，掌握队列动作的基本要领，养成良好的军人作风，增强组织纪律观念、培养集体主义的精神。

第二单元　轻武器射击

【训练内容】（1）武器常识。（2）简易射击学理。（3）射击动作和方法（4）实弹射击。

【教学目标】了解轻武器的战斗性能和基本射击理论，掌握半自动步枪射击的动作要领，完成第一练习实弹射击。

第三单元　战术

【训练内容】（1）战斗类型和战斗样式。（2）战术基本原则。（3）单兵战术动作。

【教学目标】了解战斗的基本类型和基本样式，掌握战术基本原则的主要内容，学会单兵战术的基本动作要领。

第四单元　军事地形学

【训练内容】（1）地形对军队战斗行动的影响。（2）地形图基本知识。（3）现地使用地形图。

【教学目标】了解地形对作战行动的影响，掌握地形图的基本知识，学会现地使用地形图的方法。

第五单元　综合训练

【训练内容】（1）行军。（2）宿营。（3）野外生存。

【教学目标】了解行军、宿营的基本程序、方法，培养野外生存能力。

五、课程建设

军事教师是完成军事课程目标的具体执行者和组织者。学校应当在教育行政部门核定的教师总编制内，按照军事课程教学任务配备相应数量的合格军事教师。

军事教师要努力提高自身思想素质和业务能力，积极参加教学改革和学术研究，不断提高教学质量，开创教学科研工作新局面。

各级教育行政部门、军事部门和普通高等学校，应当有计划地安排军事教师接受继续教育和培训，不断改善知识结构，提高军事理论水平和学历、学位层次，以适应教学科研工作需要。

普通高等学校应当建立健全军事课教学规章制度和教师聘任制度，建立军事课教学档案并实行规范化管理。

军事课程教材建设与管理，由国家教育部会同总参谋部统一规划，并建立和完善教材编写、评审制度。军事课教材具有特殊性，普通高等学校军事教学指导委员会将通过定期评审的形式推出优秀教材。各高等学校要严格把关，选用优秀军事课教材开展教学。

六、课程评价

军事课程评价包括课程建设和课程定位、教师教学状况、学生学习效果等方面。课程建设评价应包含课程结构体系、课程内容、教材建设、教学管理、师资配备与培训、经费保障以及课程目标的完成情况等。课程定位应包含课程指导思想、课程管理、机构建制、保障措施等。军事教师教学状况应包含教师专业素质、教学能力、科研能力、教学工作量和课堂教学效果等，通过教师自评、学生评价和专家评议进行。学生学习效果应包含学生的学习态度、学习过程和学习效果评价，通过学生自评、互评和教师评定进行。

军事课程建设的评价由教育部会同总参谋部、总政治部组织实施。各省级教育行政部门和军事部门应制订本地区的评价方案，定期组织军事课建设评价检查，充分发挥教育评价的导向和激励作用。

七、附则

本《大纲》是普通高等学校组织实施军事课程教学的基本依据，也是军事课教材建设和开展课程评价的重要依据。

各普通高等学校可根据实际情况和专业特点，对教学内容作适当调整。

本《大纲》自 2007 年 9 月起在全国普通高等学校施行。

附录7　高级中学学生军事训练教学大纲

（2003年1月30日）

根据《中华人民共和国国防法》、《中华人民共和国兵役法》、《中华人民共和国国防教育法》的规定，按照《国务院办公厅中央军委办公厅转发教育部总参谋部总政治部关于在普通高等学校和高级中学开展学生军事训练工作的意见的通知》（国办发［2001］48号）精神，制订《高级中学学生军事训练教学大纲》（简称《大纲》）。本《大纲》所称高级中学，含普通高中和各类中等职业学校。

军事训练是高级中学学生的必修内容，是学校实施素质教育的重要措施。《大纲》是高级中学组织和实施学生军事训练教学、评估军事训练教学质量和督导军事训练教学工作的依据。

一、教学目标

高级中学学生军事训练教学，要全面贯彻党的教育方针，按照教育要面向世界、面向未来、面向现代化的要求，适应我国人才培养的战略目标和加强国防后备力量建设的需要。通过学生军事训练与教学使学生掌握基本军事知识和技能，增强国防观念和国家安全意识，强化爱国主义、集体主义和革命英雄主义观念；加强组织性和纪律性，培养吃苦耐劳和艰苦朴素的作风，促进学生综合素质的提高，为中国人民解放军培养后备兵员，为国家培养社会主义事业建设者和接班人打好基础。

二、教学课时分配

高级中学学生军训包括集中军事训练和军事知识讲座两部分，时间为

7 至 14 天。课时分配见下表。

军事训练教学课时分配表

内　容		课　时	
集中训练	国防法规	2	83
	人民军队的性质、宗旨和光荣传统	4	
	共同条令	51	
	轻武器射击	10	
	单兵战术	6	
	战伤救护	4	
	识图用图	6	
知识讲座	军事思想	3	15
	军事科技	3	
	现代国防	3	
	国际战略环境	3	
	高技术战争	3	
合　计		98	
备注	1. 集中训练期间，早晚时间可用于内务整理、班会及军队歌曲的教唱。 2. 此表按 14 天 98 个学时安排；安排不足 14 天的学校可根据实际情况酌情减少，但不得少于 7 个教学日。 3. 学校和承训单位在施训中不得随意减少训练科目。		

三、教学内容与要求

（一）集中训练

科目一　国防法规

教学要求：了解《中华人民共和国国防法》、《中华人民共和国兵役法》、《中华人民共和国国防教育法》对学生参加军事训练的有关规定；增强依法履行兵役义务的自觉性。

教学内容：1.《中华人民共和国国防法》简介

2.《中华人民共和国兵役法》简介

3.《中华人民共和国国防教育法》简介

考查：提问或检查笔记。

科目二　中国人民解放军的性质、宗旨和光荣传统

教学要求：了解中国人民解放军的性质、宗旨和光辉战斗历史，熟悉中国人民解放军光荣传统的基本内容，培养学生热爱人民军队的感情。

教学内容：1. 人民军队的光辉战斗历程

2. 党对军队领导的根本原则

3. 全心全意为人民服务的宗旨

4. 艰苦奋斗的政治本色

5. 拥政爱民、尊干爱兵的内外关系原则

6. 建立在高度自觉基础上的严格纪律

7. 政治、军事、经济三大民主

8. 压倒一切敌人、一切困难的革命英雄主义

9. 祖国利益高于一切的爱国主义

考查：提问或检查笔记。

科目三　共同条令

教学要求：了解《内务条令》的基本内容，熟悉《纪律条令》、《队列条令》的有关内容，学会单兵队列动作，培养组织纪律观念，培养学生良好的举止和仪表。

教学内容：1.《内务条令》介绍

（1）《内务条令》的作用和意义

（2）内部关系

（3）礼节

（4）军容风纪

（5）作息

（6）日常制度

2.《纪律条令》教育

（1）《纪律条令》的作用和意义

（2）《纪律条令》的基本内容

（3）奖励

（4）处分

3.《队列条令》教育训练

（1）《队列条令》的作用和意义

（2）立正、稍息、跨立、敬礼

（3）停止间转法

（4）行进与停止（齐步、跑步）

（5）坐下、蹲下、起立

考核：采取单个或以班为单位考核的方法。

科目四　轻武器射击

教学要求：了解轻武器战斗性能和轻武器射击学理基础知识，掌握验枪方法，学会半自动步枪对不动目标射击要领。

教学内容：1. 轻武器常识

2. 简易射击学理

3. 验枪

4. 半自动步枪对不动目标射击要领

5. 靶场规则介绍

考核方法：以轻武器射击预习为基本要求，考核用检查镜。

具备射击条件的可进行实弹射击，考核 100 米固定胸环靶，5 发子弹，中 3 发以上及格。

科目五　单兵战术

教学要求：了解战斗中可利用地形、地物的种类，掌握卧倒、起立和侧身低姿匍匐前进的动作要领。

教学内容：1. 战斗中地形地物利用

2. 卧倒、起立

3. 侧身低姿匍匐前进

考查：以班为单位进行，侧身低姿匍匐前进 10 米，20 秒完成。

科目六　战伤救护

教学要求：了解战伤救护的作用，熟悉战伤救护的种类，学会救治伤员以及自救的几种方法。

教学内容：战伤救护的作用及种类；包扎、止血、固定搬运、人工呼吸。

考查：检测操作要领掌握情况。

科目七　识图用图

教学要求：使学生掌握地形图的基本知识，学会按图行进的基本要领和方法。

教学内容：1. 识图用图基本常识

2. 地形图判读

3. 按图行进

考查：基础知识课堂检测。

（二）知识讲座

科目一　军事思想

教学要求：了解军事思想的形成与发展过程及对军事实践的指导作用，树立科学的战争观和方法论。

考核：课堂提问，检查笔记。

科目二　军事科技

教学要求：了解军事技术的分类，发展趋势及对现代战争的影响，树立“科学技术是第一生产力”的观点，激发学习科学技术的热情。

考核：课堂提问，检查笔记。

科目三　现代国防

教学要求：了解新中国国防建设的主要成就、国防领导体制及国防政策，增强国防观念，激发爱国热情，树立为国防建设服务的思想。

考核：课堂提问，检查笔记。

科目四　国际战略环境

教学要求：了解国际战略环境的概况及我国周边安全环境的历史和现状，认清我国周边安全环境的复杂性，增强国家安全意识。

考核：课堂提问，检查笔记。

科目五　高技术战争

教学要求：了解高技术战争的演变过程、发展趋势及特点，认识科技与战争的关系，增强打赢高技术战争的信心。

考核：课堂提问，检查笔记。

四、教学考核与评估

学生军事训练与教学的成绩分为优、良、合格、不合格四个等级。考核的具体方法如下：

（一）学校要建立健全学生军事训练教学的各项规章制度，并把学生遵守规章制度的情况和参加训练时的态度与表现，作为对学生军事训练成绩进行评定的重要依据。

（二）学生军事训练成绩根据提问、笔记和观察学生的训练状况，以及参考学生自我评价和同学间互相评价的意见来综合评定学生军事训练成绩。学生军事训练成绩要记入本人学籍档案，作为报考高一级学校的重要依据。

（三）军事训练教学的评估由国家教育行政部门会同有关军事部门组织进行。各省、自治区、直辖市教育行政部门和军事部门应根据国家有关规定制定评估方案，适时表彰和奖励有突出贡献的个人和成绩优秀的单位，充分发挥教育评估的导向和激励作用。

五、教学要求

（一）加强训练教学领导。学校要重视军事教师队伍建设，并充分利用军民共建、请部队派人帮训等形式，不断充实和加强教学力量。要搞好军事训练教学保障，落实训练教学经费，切实完善训练教学设施；要定期分析训练教学形势，及时解决训练教学中遇到的实际问题；要认真总结交流训练教学经验，不断提高训练质量。

（二）重视训练教学改革。学校要紧紧围绕培养目标，研究课堂教学与社会实践结合的有效教学手段。要根据学生的实际和军事训练的具体内容，不断研究改进训练教学方法。提倡由浅入深，启发式、诱导式、示范式的教学形式。要广泛运用现代教学技术，增强训练教学效果。要积极开展训练教学、学术研究和交流，不断推进训练教学改革的深化。

（三）坚持科学施教。学校要按照《大纲》的要求组织训练教学，不得随意变动训练教学内容和时间。要贯彻循序渐进、精讲多练的训练教学原则。要注意搞好各科目之间的衔接，室内室外课、训练课与理论讲解课要穿插进行，合理搭配，要针对不同对象合理编组，因人施教，努力提高整体训练教学水平，要通过组织军事知识竞赛、参观军营等活动，丰富学生军训生活，增强军训效果。

（四）建立训练教学安全保障制度。学校要从实际出发，建立有效的训练教学安全制度。对训练教学的各个环节做出规定；对训练枪支、器材、场地使用管理问题予以明确；对参训学生需要注意的问题提出要求。在训练教学中，要严格执行安全制度，严防人员伤亡和器材丢失、损坏等训练事故的发生。

附录8 学生军事训练工作规定

（2007年3月22日）

第一章 总则

第一条 为加强学生军事训练工作，保障军事技能训练和军事理论课教学任务的完成，依据《中华人民共和国兵役法》、《中华人民共和国国防教育法》制定本规定。

第二条 本规定适用于各级教育行政部门、各级军事机关和普通高等学校、高中阶段学校（含普通高中、中等专业学校、技工学校、职业高中，下同）。

第三条 学生军事训练是指普通高等学校、高中阶段学校组织的学生军事技能训练和军事理论课教学，以及与学生军事训练有关的其他活动。

第四条 学生军事训练工作，必须围绕服务国家人才培养、服务国防后备力量建设开展，坚持着眼时代特征、遵循教育规律、注重实际效果、实施分类指导的方针。通过军事训练，使学生掌握基本军事技能和军事理论，增强国防观念、国家安全意识，加强组织性、纪律性，弘扬爱国主义、集体主义和革命英雄主义精神，磨练意志品质，激发战胜困难的信心和勇气，培养艰苦奋斗、吃苦耐劳的作风，树立正确的世界观、人生观和价值观，提高综合素质。

第五条 开展学生军事训练工作，是国家人才培养和国防后备力量建设的重要措施，是学校教育和教学的一项重要内容。

第六条 普通高等学校、高中阶段学校具有中国大陆户籍的学生应当依法接受学校统一安排的军事训练；具有香港、澳门、台湾户籍的学生，本人自愿参加军事训练的，经学校批准后可以参加。

有严重生理缺陷、残疾或者疾病的学生，经本人申请和学校批准，可以减免不适宜参加的军事技能训练科目。

第二章　组织领导与实施

第七条　学生军事训练工作在国务院、中央军委领导下，由教育部、总参谋部、总政治部共同负责。

军区负责本区域的学生军事训练工作。省（自治区、直辖市，下同）、市（地区，下同）、县（市、区，下同）教育行政部门、军事机关，负责本区域的学生军事训练工作。

学生军事训练工作实行属地化管理。

第八条　各级教育行政部门和军事机关要加强对学生军事训练工作的组织领导，明确分工，各负其责，密切协作，加强指导和监督。

第九条　教育行政部门负责组织普通高等学校和高中阶段学校具体实施学生军事训练。军事机关负责向普通高等学校派出派遣军官，安排承训部队和帮训官兵，提供学生军事训练所需武器弹药的保障。

第十条　教育行政部门和军事机关应当建立联席会议制度或联合办公制度，定期分析情况，研究问题，提出做好学生军事训练工作的指导性意见。

第十一条　普通高等学校、高中阶段学校应当把学生军事训练工作纳入学校教育、教学计划，统筹安排。

第十二条　普通高等学校军事教学机构与人民武装部共同负责军事技能训练、军事理论课教学的计划安排和具体组织实施。

第十三条　高中阶段学校应当明确一名学校领导分管学生军事训练工作，指定具体部门和人员负责学生军事训练的计划安排和组织实施。

第十四条　根据国防和军队建设的需要，对适合担任预备役军官职务的普通高等学校学生，经军事训练考核和政治审查合格的，按照有关规定，办理预备役军官登记，服军官预备役。

第三章　军事技能训练和军事理论教学

第十五条　教育部、总参谋部、总政治部共同负责制定普通高等学校、高中阶段学校的学生军事训练大纲。

学生军事训练大纲是学校组织实施军事技能训练和军事理论课教学、进行教学质量评估和督导的依据。

第十六条　普通高等学校军事技能训练和军事理论课教学是在校学生的必修课程，学校应当统一规划、实施和管理。

高中阶段学校的学生军事训练纳入社会实践活动中组织实施。

第十七条　普通高等学校、高中阶段学校学生军事技能训练主要在学生军事训练基地或者在学校内组织实施，也可到军队院校和民兵、预备役部队军事训练基地驻训。

第十八条　普通高等学校组织实施学生军事技能训练所需的帮训官兵，由省教育行政部门提出计划，由省军区协调驻军部队、军队院校和武警部队、院校派出，或者报军区统一安排。高中阶段学校组织实施学生军事技能训练所需的帮训人员，由军分区或者县人民武装部协调驻军部队、武警部队和预备役部队帮助解决。

第十九条　普通高等学校应当加强军事理论课程建设，提高军事理论课教师的教学水平和科研能力，实施规范化课程管理。

第二十条　教育行政部门应当将普通高等学校军事技能训练和军事理论课教学作为学校办学水平评估的重要内容。

第二十一条　普通高等学校学生军事技能训练和军事理论课考试成绩、高中阶段学校学生军事技能训练和军事知识讲座考核成绩载入本人学籍档案。

第四章　军事教师和派遣军官

第二十二条　普通高等学校军事理论课教学由学校配备的专职军事教师、聘任的兼职军事教师和军队派遣军官共同承担。

第二十三条　普通高等学校应当根据军事理论课教学任务的需要，配备和聘任相应数量的专职军事教师。

普通高等学校专职军事教师的专业技术职务评聘纳入学校教师正常的管理渠道。

第二十四条　普通高等学校专职军事教师配发基层人民武装干部工作

证和制式服装，佩戴基层人民武装干部领章、帽徽和肩章。普通高等学校专职军事教师在组织实施军事理论课教学时应当着制式服装。

第二十五条　普通高等学校专职军事教师和军队派遣军官应当具备普通高等学校教师的基本条件，具有良好的军事素质，掌握军事教育理论，熟悉军事理论课教学方法。

第二十六条　军队派遣军官，按照有关规定由派出单位进行管理，享受在职军官的同等待遇。军队派遣军官在普通高等学校任教期间，其课时补助费参照学校相同专业技术职务教师的补助标准执行，由所在学校发给。所在普通高等学校应当为军队派遣军官提供必要的工作、生活和交通保障。

第二十七条　高中阶段学校军事教师可采取兼职与聘任办法配备，选择热爱学生军事训练工作和具备良好军政素质的人员担任。

第二十八条　具备条件的普通高等学校、军队院校，应当承担普通高等学校、高中阶段学校军事教师的继续教育和培训任务。

第二十九条　各级教育行政部门和军事机关应当有计划地对高中阶段学校的兼职军事教师进行培训，培训时间每三年不得少于一个月。

第五章　学生军事训练保障

第三十条　普通高等学校和高中阶段学校组织实施学生军事训练所需的经费，按照现行财政管理体制，纳入学校主管部门预算管理，合理确定人均经费标准，实行综合定额拨款。

第三十一条　各级教育行政部门和军事机关开展学生军事训练工作所需的业务经费，商请本级财政列入经费预算，予以保障。

承担普通高等学校军事理论课教学任务的军队院校，所需的教学和工作经费，由省军区协调省财政解决。

第三十二条　全国每五年举办一次学生军事训练大型活动，所需的经费由教育部、总参谋部、总政治部向中央财政申请专项经费予以保障。

各省每三至五年举办一次学生军事训练大型活动，所需的经费由省级教育行政部门和军事机关向省财政申请专项经费予以保障。

第三十三条　各省可根据学生军事训练任务，在普通高等学校集中的大、中城市建立学生军事训练基地，为学校实施规范化的军事技能训练提供条件。

民兵、预备役部队军事训练基地应当为普通高等学校、高中阶段学校实施军事技能训练提供保障。

第三十四条　教育行政部门和军事机关应当会同物价、卫生等部门对学生军事训练基地的基础设施、保障条件、日常管理等进行定期监督、检查，加强管理。严禁不具备条件的学生军事训练基地承担学生军事训练任务。

第三十五条　学生军事训练基地和民兵、预备役部队军事训练基地承担学生军事训练任务，不得以赢利为目的。向普通高等学校、高中阶段学校收取经费的项目、标准应由省教育行政部门会同省物价部门制定；收取的经费主要用于学生军事训练及基地的维护和管理。

第三十六条　学生军事训练枪支属民兵武器装备，由军分区或者县人民武装部根据总参谋部的统一规划，予以保障。训练枪支在配发普通高等学校前，必须经过技术处理，使其不能用于实弹射击。

第三十七条　经军事机关批准，学生军事训练枪支可由普通高等学校负责保管。暂不具备保管条件的学校，训练枪支由军分区或者县人民武装部代管。

第三十八条　保管学生军事训练枪支的普通高等学校，应当建设合格的训练枪支存放库室，配备专门的看管人员，实行昼夜值班制度。普通高等学校应当按照国家和军队的有关规定对训练枪支看管人员进行政审。

第三十九条　军分区或者县人民武装部应当按照民兵武器装备管理的有关规定，对普通高等学校学生军事训练枪支存放库室的建设质量、安全管理、看管人员编配和设施配备情况进行验收和定期检查。

第四十条　普通高等学校学生军事训练所需的实弹射击枪支、弹药，由军分区或者县人民武装部负责保障和管理。

第四十一条　普通高等学校、高中阶段学校在学生军事训练期间必须进行安全教育，完善各项安全制度，制定安全计划和突发事件应急处置预案，严防在军事技能训练、实弹射击、交通运输、饮食卫生等方面发生事故。

各级教育行政部门和军事机关应当高度重视学生军事训练期间的各类事故预防工作，定期分析安全形势，适时进行督促检查，及时发现和处理不安全隐患。

第四十二条　普通高等学校、高中阶段学校应当建立健全学生军事训练意外事故报告制度。学校和承训部队在军训中发生各类安全事故后，应当及时向所在地教育行政部门、军事机关及相关部门报告，并按照《学生伤害事故处理办法》及有关法律法规的规定妥善处理。事故处理完毕，要将处理结果及改进措施报告上级教育行政部门、军事机关。

第六章　奖励和惩处

第四十三条　对在学生军事训练中成绩显著的单位和个人，各级教育行政部门、军事机关和普通高等学校、高中阶段学校应当给予表彰、奖励。

第四十四条　对违反本规定，有下列行为之一的单位或者个人，由教育行政部门和军事机关责令其限期改正，并视情节轻重对直接责任人员给以批评教育或者行政处分：

（一）随意取消和压缩学生军事训练时间的；

（二）未按《普通高等学校军事课教学大纲》和《高中阶段学校学生军事训练教学大纲》规定完成军事技能训练科目和军事理论课教学内容的；

（三）在军事技能训练和军事理论课考试中违反纪律、弄虚作假的；

（四）挤占、挪用和不按财务规定使用学生军事训练经费的；

（五）违反规定向学校收取承训费或者向学生收取军事训练费用的；

（六）发生枪支丢失、人身伤害或者其他重大安全责任事故的；

（七）打骂或者体罚学生的。

有第（六）、（七）项行为，情节严重、构成犯罪的，应当移送司法机关依法追究刑事责任。

第四十五条　对没有正当理由拒不接受军事训练的学生，按国家发布的学籍管理办法和学校有关规定处理。

第四十六条　对违反本规定，侵占、破坏学校军事训练场所、设施的单位或者个人，由教育行政部门、军事机关责令其限期改正、依法赔偿损失。

第七章　附则

第四十七条　各省级教育行政部门和军事机关可根据本规定制定实施细则。

第四十八条　本规定自发布之日起施行。

主要参考文献

[1] 教育部国防教育办公室：《学校国防教育文献汇编 1949～2004》，军事谊文出版社，2004 年版。
[2] 朱世杰、廖文科：《学校国防教育史》，军事谊文出版社，2003 年版。
[3] 杨邵愈：《高校国防教育与人才培养研究》，社会科学出版社，2000 年版。
[4] 苑士军：《国防教育概论》，解放军出版社，2004 年版。
[5] 季云飞：《新中国国防教育理论与实践》，海潮出版社，2004 年版。
[6] 贾云生：《新时期国防教育与实践》，四川大学出版社，2007 年版。
[7] 张培松、陈依工：《学生军训理论与实践研究》，长征出版社，2008 年版。
[8] 张进喜、陶劲松：《中外国防教育比较》，武汉理工大学出版社，2004 年版。
[9] 徐则平、赵示松、王华：《中国国防教育史》，贵州人民出版社，2005 年版。
[10] 何锋：《中国国防教育史纲》，厦门大学出版社，2013 年版。
[11] 张慧：《国防动员研究》，国防大学出版社，2014 年版。
[12] 孙树安、安高柱：《信息化条件下国防后备力量建设》，解放军出版社，2007 年版。
[13] 编委会：《中国教育事典》，河北教育出版社，1994 年版。
[14] 杨力：《国防教育新论》，高等教育出版社，2000 年版。
[15] 王胜云：《中国国家安全战略环境与国防教育》，河北人民出版社，2002 年版。

[16] 程森成、沈有生：《高校学生军训模式研究》，武汉大学出版社，2002 年版。
[17] 中央军委政治工作部：《习主席国防和军队建设重视论述读本》，解放军出版社，2014 年版。
[18] 赵勇：《美军后备役部队》，国防大学出版社，2002 年版。
[19] 费志杰：《中国近代尚武思潮研究》，军事科学出版社，2011 年版。
[20] 陈建民、李晓：《发达国家战争动员制度》，时事出版社，2001 年版。
[21] 丛文胜：《新中国国防法制建设六十年》，军事科学出版社，2009 年版。
[22] 武炳：《国防教育学》，国防大学出版社，2000 年版。
[23] 编委会：《国防教育》，中国大百科全书出版社，2007 年版。
[24] 北京高校国防教育协会：《携笔从戎强军梦》，蓝天出版社，2014 年版。
[25] 编委会：《当代中国的军事工作》，中国社会科学出版社，1989 年版。
[26] 军事科学院：《中国人民解放军军语》（全本），军事科学出版社，2011 年版。
[27] 袁文先：《军队院校教育学》，国防大学出版社，2011 年版。
[28] 董会瑜、牟显明：《现代军校教育辞典》，国防大学出版社，2009 年版。
[29] 张保国：《中外现代国防教育比较与研究》，解放军出版社，2011 年版。
[30] 张保国：《国防教育理论创新与实践专题研究》，解放军出版社，2011 年版。
[31]《中华人民共和国国防法》，1997 年 3 月 14 日，第八届全国人民代表大会第五次会议审议通过。
[32]《中华人民共和国兵役法》，1998 年 12 月 29 日，第九届全国人民代表大会第六次会议审议通过。

［33］《中华人民共和国国防教育法》，2001 年 4 月 28 日，第九届全国人民代表大会第二十一次会议审议通过。
［34］北京市学生军训工作办公室：《学生军训工作资料汇编》，2014 年 9 月。